# 英语教师专业化发展研究

鲁娅妮　著

延边大学出版社

**图书在版编目（CIP）数据**

英语教师专业化发展研究 / 鲁娅妮著. -- 延吉：
延边大学出版社, 2023.8
ISBN 978-7-230-05361-7

Ⅰ．①英… Ⅱ．①鲁… Ⅲ．①英语－师资培训－研究
－中国 Ⅳ．①H319.3

中国国家版本馆CIP数据核字(2023)第161824号

**英语教师专业化发展研究**

----------------------------------------------------------------

著　　者：鲁娅妮
责任编辑：汪　云
封面设计：文合文化
出版发行：延边大学出版社
社　　址：吉林省延吉市公园路977号　　　邮　　编：133002
网　　址：http://www.ydcbs.com　　　E-mail：ydcbs@ydcbs.com
电　　话：0433-2732435　　　传　　真：0433-2732434
印　　刷：廊坊市广阳区九洲印刷厂
开　　本：710×1000　1/16
印　　张：12.25
字　　数：220 千字
版　　次：2023 年 8 月 第 1 版
印　　次：2023 年 8 月 第 1 次印刷
书　　号：ISBN 978-7-230-05361-7

----------------------------------------------------------------

定价：78.00元

# 前　言

　　善之本在教，教之本在师。教师是学校教育中最活跃、最关键的因素，其专业素质和教学能力是学校教育持续改进的变革力量，是学校教育不断提升的动力源泉。21 世纪，培养一支德才兼备的教师队伍，是中国经济社会与文化教育发展的时代要求，也是中国教师教育的一个重要使命。长期以来，虽然学术界已对教师专业化发展的理论和实践做了很多探究，发表了不少专著和文章，但对于英语教师专业化发展的研究还不够系统和深入，需要将理论与实践相结合进行深入探讨。

　　本书首先介绍了教师专业化发展的相关内容，并阐述了英语教师专业化发展的基本理论，接着分析了学习共同体与英语教师专业化发展，教学反思与英语教师专业化发展，信息素养、教学日志、合作学习、校本培训与英语教师专业化发展的相关内容，最后详细论述了英语教师专业化发展的创新探索。在整体论述中，本书在对前人知识梳理的基础上进行了补充，将理论与实践紧密结合，以供同行研究者、教育工作者参考，希望有助于提升我国英语教师的专业化发展水平，促使我国教育教学改革向着更深的层次发展。

　　为了提升本书的学术性与严谨性，在撰写过程中，笔者参阅了大量的文献资料，引用了诸多专家学者的研究成果，在此表示最诚挚的感谢。由于时间仓促，加之笔者水平有限，在撰写过程中可能会存在不足之处，希望各位读者不吝赐教，提出宝贵的意见，以便笔者加以改进。

鲁娅妮

2023 年 6 月

# 目　录

# 第一章　教师专业化发展概述

20世纪80年代以来，随着世界范围内基础教育改革的不断推进，教师专业素质及教师教育问题也备受关注。回顾国内外教师教育发展的历程，我们能够很清楚地看到，从最初的"师资队伍建设"到后来的"教师专业化"，再到今天的"教师专业化发展"和"教师专业成长"，突出教师个体的、内在的体验，体现了从关注群体到关注个体、从强调外在到支持内生的时代转变。教师专业化发展不仅是教师在教育教学实践中丰富专业知识、增强专业技能的过程，也是教师不断坚定专业理想、涵养专业道德、提升专业情操的过程。

从根本上来说，教师专业化发展不是由外在的制度和标准来衡量的，而是由教师发展程度及发展的整体水平所决定的。在我国不断深化基础教育改革和新课程改革的背景下，教师要想肩负起时代赋予的责任，就必须加强学习，更好地实现自身的专业发展。

## 第一节　教师专业化发展的
## 概念和特征

从哲学的角度来看，发展是指事物由小到大、由简到繁、由低级到高级、由旧质到新质的运动变化过程。它不仅包含生命本体，也包含影响事物的外部因素。从构词方式的角度来解读教师专业化发展的概念，有两种理解方式："教师专业化"的发展与教师的"专业化发展"。前者主要是指教师职业与教师教育形态的历史演变；后者则着重强调教师由非专业人员转变为专业人员的发展过程。

从目前我国对教师专业化发展的概念界定来看，正体现出这样两种不同的思路：一是侧重外在的、涉及制度和体系的、旨在推进教师专业化发展与职业成熟的教育与培训发展研究；二是侧重理论的，立足教师内在专业素质结构及职业专门化规范与意识的形成和完善的研究。

可以说，这两种认识和思考过程密切相关，但却又表现出"和而不同"的特点，是在一致的研究理念中包含不同的领域与概念范畴，甚至研究方法和逻辑也存在较大的差异。但从以往的研究来看，大部分研究者都认同第二种研究思路。

# 一、教师专业化发展的相关概念

在探讨教师专业化发展的概念之前，首先要明确职业、专业、专业化、教师专业化等相关概念。

## （一）职业

一般而言，职业是指从业人员为获取主要生活来源所从事的社会工作类别。就其本质而言，职业是指个体赖以谋生的社会劳动岗位，以及必须承担的社会角色和社会责任。首先，职业应当是一种谋生手段，是一种能为个体提供主要生活来源的社会活动；其次，职业也意味着个体在社会生活过程中对社会所承担的一定的职责，以及所从事的专门业务；最后，职业还能为个体提供自我实现的机会，能使个体通过工作发展自身的才能和个性，从而顺利达到自我实现的目的。

职业需要满足以下三个基本条件：一是能够给予从业者合理的报酬，满足从业者的各种生活需求；二是赋予从业者一定的社会角色，能够使其在履行义务和职责的过程中发展自身的个性和才能；三是能够为从业者提供体现个人价值的机会和舞台，使其在工作中赢得尊严、荣誉、声望和影响力。

　　总的来说，职业主要有以下五个特征。第一，经济性。职业是个体谋生的重要手段，从事一项职业活动首先能够为其带来经济收入，也就是说职业活动要以获得金钱等报酬为目的。第二，社会性。一方面，职业是随着人类社会进步和劳动分工逐渐产生并发展起来的，它是社会生产力发展到一定阶段的产物；另一方面，从业者一般都要承担一定的社会职责和义务，扮演一定的社会角色。职业位置往往并不是继承性的，而是获得性的。在现代社会中，职业应当是国家确定和认可的。第三，技术性。从业者一般要经过专门机构的职业培训，具有专门的基础知识和基本技能，并且能够为社会提供某种专门的服务。第四，服务性。从业者能够为他人和社会提供最基本的服务，并且在工作中能够不断提高自己的能力，以便为社会提供更好的服务，促进社会的进步和发展。第五，发展性。职业并不是一成不变的，而是随着社会的发展不断发展变化的，随着某些旧职业的消亡，必然会出现一些新兴职业。

## （二）专业

　　专业不仅是社会分工和职业分化的结果，也是人类认识自然和社会发展到一定程度的表现。从词源学上来看，"专业"一词最早源于拉丁语，原意是指公开地表达自己的观点或信仰，与之相对的是"行业"，它具有欧洲中世纪手工行会所保留的神秘色彩（对其行业专门知识和技能进行控制，或只能传授给本门派的人）。《现代汉语词典》对"专业"一词的解释包括以下几点：一是指高等学校的一个系里或中等专业学校里，根据科学分工或生产部门的分工把学业分成的门类；二是指产业部门中根据产品生产的不同过程而分成的各业务部分；三是指专门从事某种工作或职业的；四是指具有专业水平和知识。日本学者石村善助认为，专业是指通过特殊的教育或训练掌握了经过证实的知识（科学的或高深的知识），具有一定的基础理论和特殊技能，从而按照来自非特定的大多数公民自发表达出来的每个委托者的具体要求，从事具体的服务工作，借以为全社会利益效力的职业。

专业的出现和形成经历了一个长期的发展演变过程。首先是以工具为代表的先进技术的出现。例如，人类的石器时代、铜器时代、铁器时代，中国著名的"四大发明"，古代社会的石匠、铜匠、铁匠、木匠等。其次是以蒸汽机为代表的工业革命开创了人类现代专业的先河。这一阶段出现了以工厂、作坊等为单元的工业原始结构，人们长期从事不同的产品加工和服务工作，出现了现代工业专业化分工的原型。再次是以教育、工业等现代科学技术迅猛发展为代表的现代专业的出现。大量的社会化分工催生了教育实践和工业、商业实践，对某一特定人群的工作名称、工作内容的规划、设计和研究，促进了新职业专业化理念的传播。最后是以专业化的培训、教育和人才培养为代表的现代化专业模式，由于规模化工业的发展，需要对某种特定的技能、技术以及科学理论进行科学研究、科学试验、科学评价，并进行大规模的人力输出，满足社会和企业的需求，因而确定了现代信息化条件下专业的基本概念。

关于专业所具有的基本特征，学者们从不同方面进行了研究。

美国学者利伯曼（M. Lieberman）认为，专业必须具有以下八个特征：①范围明确，垄断地从事社会不可或缺的工作；②运用高度的理智性技术；③需要长期的专业训练；④从业者无论个人、集体均具有广泛的自律性；⑤在专业的自律性范围内，负有作出判断、采取行动的责任；⑥非营利性，以服务为动机；⑦形成了综合性的自治组织；⑧拥有应用方式具体化了的伦理纲领。

澳大利亚学者凯米斯（S. Kemmis）认为，专业应当具有三个显著特征：①其成员采用的方式与程序要有系统的理论知识和研究支持；②其成员以顾客的利益为压倒一切的任务；③其成员不受专业外势力的控制和限定，且有权作出自己的职业判断。

美国学者帕森斯（T. Parsons）认为，专业一般包含两个基本特征：一是一个专业好比一个行会，其成员受到行会的限制；二是专业建立在科学的基础之上，此职业控制着一套专门的知识理论体系，它的获得除了要经过学徒式的训练，还要在大学里经过多年的研修，行会通过对从业权力的控制保证其社会功能的权威性。

我国学者曾荣光则认为，专业的特征主要包括以下十个方面：①为社会提供不可或缺的服务；②享有专业服务的专业权；③接受长时间训练和入职辅导；④具有一套"圈内知识"；⑤有专业自主权；⑥组成对成员有制约力的专业团体；⑦确立一套专业守则；⑧获得社会当事人信任；⑨享有相当的社会地位和职业报酬；⑩不断接受在职培训和从事科研活动。

### （三）专业化

目前，学术界一般从两个层面对专业化的含义进行解读：作为改善地位的专业发展的过程；作为扩大专业实践中专业知识和改善其专业技巧的过程。也就是说，一方面，专业化关注改进从业者的职业行为和服务质量，提高一个职业群体的专业发展水平，它是在严格的专业训练和自身不断主动学习的基础上，使从业者逐渐成长为一名专业人员的发展过程。这一发展过程的实现不仅需要专业人员自身主动学习，以促进和提高自己的专业能力，而且需要良好的外部环境的创设。另一方面，专业化也关注整个职业社会地位的提升，经过不断努力，使职业争取成为专业。它是一个普通职业群体逐渐达到专业标准，成为专门职业并获得相应的专业地位的过程。专业化是指某一职业真正成为一个专业，从业者成为专业人员得到社会承认。如果从个体与群体的角度来分析，前者主要是指"个体专业化"，后者则主要是指"职业专业化"，二者共同构成了专业化的过程和结果。由此可见，专业化不仅是培养和教育专业人员的过程，也是人才培养的过程，有其教育目标和发展趋势，体现了社会对专业人员专业水平和社会地位的一种肯定和认可。

专业化一般具有以下六个特点。一是运用专门的知识与技能，即有一套完善的专门知识和技能体系，作为专业人员从业的依据。二是强调服务的理念和职业伦理，即服务或奉献的专业道德，它是该职业群体为履行责任，满足社会需要，维护职业声誉而制定的自我约束的行为规范（一套一致认可的伦理标准）。三是经过长期的培养与训练，即成熟的专业必须通过长时间的专业训练，有一个养成的过程。四是需要不断地学习进修，即作为专业的职业，在几十年的专业活动中，随着社会的进步与变迁，要经常面对全新的专业挑战，因而需要不断地学习和进修，不断跟上时代前进的步伐。五是享有有效的专业自治，即当一个专业处于相对强盛的阶段时，它的专长能满足重要的社会需求，它的科学知识体系已经高度专门化且十分复杂，以至于外行不能挑战专业人员的技术判断，专业自治便成为可能。六是形成稳定的专业团体，即一种工作是否专业，可以从是否形成稳定的专业组织上来考量。专业团体的形成，一方面能保证专业地位的确定，保护他们的个人利益；另一方面则能通过设立章程和伦理法规，促进伦理规范与权利义务的实施，强化个人以及团体的责任感，保障客户和公众的利益。

## （四）教师专业化

学术界对教师专业化的内涵有不同的看法，有学者在进行系统、深入的文献分析的基础上，归纳出以下三种观点。

首先，从动态的角度来看，教师专业化主要是指教师在严格的专业训练和自身主动学习的基础上，逐渐成长为一名专业人员的发展过程；从静态的角度来看，教师专业化则是指教师职业真正成为一种专业，教师成为专业人员并得到社会承认的发展结果。教师专业化的标准主要包括两个方面：一是教师自身素质，二是客观环境条件。在教师专业化发展过程中，如果单纯强调教师自身素质的发展，或单纯强调创设良好的外界环境，都不可能真正实现教师的专业化。只有这两个方面相互配合、相互渗透、相互促进，才能为教师专业化创造良好的内外部条件，也才能促进教师的专业成长。

其次，主张从以下两个视角来界定教师专业化的内涵：一是从专业出发进行界定，二是从个人入手加以解读。前者还可以具体分成静态与动态两种考察方式，静态论者参考专业特质学者的观点，提出教师专业化的指标包括专业知识和能力、专业训练、专业组织、专业伦理、专业自主、专业服务和专业成长，他们以此指标为参照系来评价教师职业是否达到了专业的水平，并提出促进教师专业化的具体措施；动态论者则把专业化看成是某一职业逐渐达到专业水平的过程，认为教师专业化必须具备教师社会地位的提高和教学能力的提升两个标准。后者则认为教师专业化是指教师个人成为教学职业的成员，并且在教学中具有越来越成熟的作用。教师职业社会化过程并不以进入教师职业为终点，也不在早期教师职业的任何一点上结束。

最后，教师专业化发展经历了两个阶段。一是组织发展阶段，这一阶段关注教师整体素质的提升，以此提高教育教学工作的质量和效率，出现了谋求整个专业社会地位提升的"工会主义"和强调教师入职高标准的"专业主义"两种不同价值取向。二是专业发展阶段，这一阶段一方面出现了注重教师既要有知识、技能和价值观等，又要有学科知识、教育知识的理智主义价值取向；另一方面也出现了注重实践，通过多种形式的反思，加强教师对自身教育教学实践的认识，并在此基础上提升教育教学实践、探究自身专业发展的实践反思价值取向。同时，还出现了关注教师专业化发展的方式或途径，注重通过小组教师的相互沟通、合作与交流，确定教师自身专业发展方式，从而形成一种合作型教师文化的生态价值取向。

## （五）教师专业化发展

关于教师专业化发展的概念，因研究的逻辑结构与选用方法不同而有不同的表述。有学者认为，教师专业化发展就是教师的专业成长或教师内在专业结构不断更新、演进和丰富的过程。也有学者指出，教师专业化发展是指教师个人在职前师资培育阶段、任教阶段和在职进修的整个过程中都必须持续地学习与研究，不断发展其专业内涵。

从以上表述中我们可以看到一些共性特征：第一，都强调教师专业化发展要素的内生性和自觉性；第二，都重视基于教师专业化发展过程理解的阶段性与动态性；第三，都承认教师专业化发展状态的非终结性。但这些表述中也存在一些不足之处，如对教师专业化发展的时代背景、教育理念及价值旨趣的变化等没有给予充分的考虑。

我国正面临着社会体制转型、多元文化与思想观念的冲突与整合、知识信息总量及人才素质结构的不断变化、教育规模与效益日益彰显等新的时代背景，教师在教育系统中的位置、角色与职责正在受到空前的冲击和挑战。为顺应时代发展要求，教师必须积极转变教育理念和自身角色，树立开放教育、民主教育、生态教育等大教育观，不断增强文化修养，拓宽自身的专业视野，尤其要增强教育教学实践中的反思意识。

而这种专业化发展，虽然以外部的教师教育为主渠道，但其根本动力却来自教师的职业自觉意识和主动精神。正是基于以上分析，我们认为，所谓教师专业化发展，是指以教师专业自觉意识为动力，以教师教育为主要辅助途径，实现教师的专业知识、能力素质和信念不断提升、完善的动态发展过程。

教师专业化发展与教师专业成长存在一定的差异。教师专业成长主要是从生态学角度加以考量的，是指一个生命由弱变强、由稚嫩走向成熟的生长变化过程，在这一过程中不仅包括自然界生物的成长，也包括人类生命的成长；教师专业化发展则更多的是从教育学的维度进行界定的，它强调的是教师个体的、内在的专业水平的提升，从本质上来说，教师专业化发展是教师个体不断发展的历程，是教师不断提升专业素养的过程。教师要成为一个成熟的专业人员，需要通过不断的学习与探究来丰富专业内涵，提高专业水平，从而达到专业成熟的境界。

在当前社会和教育背景下，教师专业化发展的重心正在发生由"技术熟练者"向"实践反思者"、从"外显知识"到"内隐知识"的变革，教师专业化发展的性质不仅仅停留在教育学、心理学知识的获得和教育实践的合理应用上，而是在复杂教育教学情境问题解决过程中形成的实践性认识，也就是说，教师个体积极主动的、内在的专业成长已经成为当前教师专业化发展的核心问题。

事实上，教师专业化发展从本质上就是一个个体社会化的过程，是带有自身经历的个人通过一定年限的师范教育训练，以及长期在职进修而不断强化教师角色的过程，是其与教师角色有关的一系列认知、情境及其行为发生变化的过程，也是其与各种社会化动因不断互动的过程。在这个过程中，教师个体从自己的经历中逐渐发展和确认自己的教师角色，也不断认同当下自己所从事的教师职业。

由此可见，在当前形势下，基于"从事实际活动的人"来追寻教师身份，把教师作为"人"的教师，正视其专业成长中社会外在规约与教师个体内在诉求的矛盾交织，在不断认识自我的过程中，合理把握内外条件，是促进教师专业化发展的可行性路径。

## 二、教师专业化发展的特征

### （一）自主性

教师的专业自主性是教师专业化发展的前提。教师在设计课程、规划教育教学活动以及选择教材时，应有充分的自主性，教师本人必须把外在的影响转化为自身专业成长过程中的动力，必须具有自主专业成长的意识。教师具有自主专业成长的意识可以增强教师对自身专业成长的责任感，使教师不断寻求自我成长的机会，逐渐获得自我成长的能力。教师专业化发展要通过各种相关的制度激发教师的自我控制、自我引导和自我成长意识。

### （二）情境性

教师角色的最终塑造必须在教育教学实践环境中进行。教师的知识和能力很多是依靠个人经验和对教育教学的感悟而获得的，教师应该不断反思自己的教育教学理念与行为，不断进行自我调整和自我建构，从而获得持续不断的专业成长。不仅如此，由于教育教学情境具有不确定性和挑战性，教师的专业成长必须与教育教学实践、教育教学情境紧密联系，并与同事、专家乃至家长建立良好的合作关系。

## （三）复杂性与多样性

教育教学工作的复杂性决定了教师专业结构的复杂性和多样性，从而也就决定了教师专业化发展的复杂性和多样性。教师工作包括观察学生、创设学习情境、组织教育教学活动、训练学生、评价学生学业成绩等，教师专业化发展体现在这些不同的活动中。

教学不仅是对知识和技能的传授，更是师生之间的情感交流、心灵沟通和智慧碰撞过程。教师专业化发展既要注重教育教学知识与技能层面的发展，也要适当兼顾认知、情感、人格等方面的发展。

## （四）阶段性与连续性

教师的专业成长过程具有明显的阶段性，在这一过程中不仅有发展、有进步，而且有停滞、有低潮。研究教师专业化发展的阶段性有助于教师科学选择、确定个人的专业成长计划和成长目标，国内外学者也提出了各种不同的教师专业化发展阶段理论。

教师专业化发展又具有连续性，教师只有不断地进修和研究，以终身学习为基本理念，才能不断促进自身的专业成长，从而确保教育教学知识以及专业能力符合时代的发展需求。

# 第二节 教师专业化发展的
# 研究对象和内容

厘清学科研究对象和建构基本内容体系是学科研究的基本问题，其中，学科内容体系往往是根据学科研究对象的类别和学科研究的成果来建构的。

## 一、教师专业化发展的研究对象

笔者认为，教师专业化发展的研究对象是教师职业专业化和教师个体专业发展，或者说是教师个体专业成长过程中的问题和规律，提出这一观点主要是基于以下内容。

第一，教师职业专业化与教师个体专业发展密不可分。通过第一节对教师专业化与教师专业化发展两个概念的辨析，我们认为，教师专业化与教师专业化发展本身是两个相互联系的概念。研究教师个体的专业发展或专业成长，必须考虑教师职业的专业化，所以教师专业化发展研究应包括教师职业专业化和教师专业成长两个部分。

第二，历史上已将教师职业专业化纳入教师专业化发展的研究范畴。1974年，美国学者霍伊尔（E. Hoyle）提出"专业主义"和"专业性"这两个概念，以区分在研究教师专业化发展过程中的两种倾向。"专业主义"用以表示为提高本职业的社会地位、收入和改善工作条件所采取的策略和手段，而"专业性"则指在教育教学过程中教师应具备的知识和技能等。

据此，我们将教师专业化发展学科的研究对象概括为两大部分，即教师职业专业化研究和教师专业化发展研究，或称为教师专业成长研究。教师职业专业化研究主要是从专业主义的角度，探讨如何通过提高教师职业的社会地位、收入和改善工作条件等策略和手段提高教师职业的专业化水平。教师专业成长研究主要是从专业性的角度，探讨如何通过教师个体素质提升来促进教师专业化发展。

# 二、教师专业化发展的研究内容

## （一）教师职业专业化研究

教师职业专业化研究就是从政府、教师行业、教师个体等不同层面分析如何推进教师职业的专业化问题。对于如何提高教师职业专业化的问题，有三大理论取向，即特质模式取向、权力模式取向和历史发展模式取向，不同的理论取向研究内容也有所不同。

1.教师职业专业化的三大理论取向

（1）特质模式取向

特质模式取向认为，教师职业作为一种专业，有其特质，具备了这些特质，教师职业就成了一种专业，否则就不可能真正成为一种被人认可的专业。研究者通过归纳诸如医学、法律等已被社会肯定的专业所具有的特征，并以此为基础，建立了一个教师专业特质清单，要求教师行业按照这份特质清单将专业同其他一般职业区别开来，并进行专业化的排序。

通过研究，人们主要归纳出两方面的核心特质，即专业知识和服务的理念。但是人们在研究中却发现，教师与医学、法律等理想型专业比较起来，教育的专业性不高，这使得人们开始怀疑教师职业是否可成为专业。目前，社会学等领域仍然在进行专业特质的研究探讨，教育领域试图从专业的一般特质出发，探讨如何促进教师职业的专业化。基于特质模式取向发展起来的研究内容主要有教师专业特质、教师素质、教师培养等课题。

（2）权力模式取向

20 世纪 70 年代，权力模式发展起来，这一模式从控制权的角度来分析"何以成为专业"的关键。权力模式的相关理论认为，专业化并不是一个客观中立的现象，而是各方权力争夺的社会过程。坚持权力模式取向的学者基本上视专业化为权力斗争的过程。教师职业专业化的权力模式主要是从政策层面争取专业自主权，获得专业地位。

（3）历史发展模式取向

历史发展模式取向的相关理论是站在历史发展观的高度，认为任何专业的发展和形成都是在特定的社会经济、政治和文化情境中，由社会大众、国家权力和专业人士共同建构的结果。从相关者的主张来看，历史发展模式不是全盘否定特质模式和权利模式，它只是把特质模式和权力模式放在历史进程中加以考察。

特质模式寻求的特质是静止而稳定的；权力模式一味主张提升教师的自主权与地位，但却忽略了不同时代自主权与地位的不同；历史发展模式却是要在发展过程中把握教师专业特质，体现教师的自主性，提升教师的地位。

2.教师职业专业化研究的具体内容

教师职业专业化研究的具体内容是指专业特征与专业素质标准，主要是在特征模式的导向下，研究教师职业要具备哪些特征才能真正成为一门专业，并在此基础上讨论教师的专业标准问题。例如，有观点认为，教师职业要成为一个专业，必须具备七个条件：①严格的资质标准；②较高的职业道德规范；③完善的专业组织；④其服务的不可替代性；⑤需要长期、持续的专门训练；⑥高度的知识和专业技术；⑦专业服务的自主权。围绕这些条件，发展起来的较成熟的学科内容是教师资格制度、教师职业道德、教师知识与能力，以及教师专业化发展等。

（二）教师专业成长研究

社会对教师专业成长问题的关注源于 20 世纪 60 年代西方国家对教师质量

的关注。20 世纪 80 年代以来，各国对教师专业化的探索达到了空前的高度，教师专业成长研究主要包括教师素质研究、教师发展阶段及阶段特征研究、教师专业化发展的影响因素研究、教师专业化发展途径研究。

### 1.教师素质研究

素质是教师成长首先要关注的问题。20 世纪 90 年代中期以来，我国在法律上确认了教师的专业地位，随后又建立了教师资格证书制度。这表明我国教育界开始关注旨在提高教师内在素质的教师专业化发展问题。

20 世纪末，人们意识到，21 世纪国际竞争将更加激烈，各国之间将在政治、经济、文化等各个领域展开激烈的竞争，这些竞争的焦点在于人才的竞争，教育作为人才培养的主阵地，将被推向国际竞争的前沿。提高教师的素质和教育质量成了各国教育竞争的主要抓手。美国为了提高教师素质，不惜巨额投资来组织有关协会和教育专家研讨师范教育改革和在职教师素质的提高问题，先后发表了《国家为培养 21 世纪的教师作准备》《明天的教师》等研究报告，为提高教师素质采取了许多重大措施。韩国教育改革委员会于 1995 年 9 月提出了第三次教育改革方案，其主要内容之一就是改革教师政策，要求改革师资培养制度、实施教师任用考试制度、提高教师的福利待遇，这些措施对未来教师素质提出了新的要求。20 世纪 90 年代以后，英国的一些大学重新调整了师资培训课程，从而也提高了师资培训标准。日本文部省的咨询机构"教职员养成审议会"于 1987 年发表了《关于提高教员素质能力的措施》的报告，对如何提高教师素质作了探讨。20 世纪 90 年代由日本文部省出版的《我国的文教施策》，反复强调提高教师素质的重要性。

由此可见，从 20 世纪末开始，教师素质日渐受到各国政府的重视。与此同时，学术界也开始广泛地研究教师的素质，并逐渐从教师专业化角度考量教师的素质。人们认识到，要提高教师的专业化水平，促进教师专业化发展，必须从教师的内在素质着手。学术界从教师专业知识、专业能力、专业精神、专业人格等多个角度分析教师的专业素质。虽然现有的研究颇多，但正如教师专业化发展的历史发展模式所主张的那样，不同的历史时期，对教师专业要求不同，教师的素质结构也必须与时俱进，才能真正地提高教师的专业化程度。所以，不管是今天还是明天，结合时代要求，探讨教师素质始终是教师专业化发展研究的重要课题。

### 2.教师发展阶段及阶段特征研究

对个体的成长进行阶段划分，并分别研究各阶段的发展规律是发展心理学研究个体发展采用的一种研究方式，教师专业化发展研究中也存在这一研究范式和内容。教师专业化发展阶段研究，即根据一定的标准，对教师整个专业成长过程进行分段，并在明确各阶段的发展特征的基础上，探讨教师在各阶段的成长规律。

目前，对教师专业化发展阶段的划分有多种，如傅道春将教师的职业期分为角色转变期、开始适应期和成长期三个时期；吴康宁将教师专业化过程分为预期专业社会化与继续专业社会化两个阶段；殷国芳、全日艺将教师成长轨迹分为适应期、稳定期和创新期三个时期；张向东则把高中教师的成长分为角色适应、主动发展、最佳创造、缓慢下降和后期衰退五个阶段；我国台湾学者王秋绒将教师成长分为师范生、实习教师和合格教师三个阶段。目前，教师专业化发展阶段的分类方式不统一，这与研究者的研究目的和研究视角不一致有关。笔者认为，教师专业化发展阶段主要应该根据教师专业化发展过程中的变化特点和生涯转折来综合考虑。另外，阶段研究的重点应该放在对各阶段发展特征和发展规律的探讨上。

### 3.教师专业化发展的影响因素研究

教师的发展是一个连续的、动态的、纵贯整个职业生涯的过程。在这一过程中，教师会不可避免地面对各种各样的困境与危机，也会遇到各种发展机遇。这些困境、危机与机遇有来自教师自身的，有来自环境的，也有来自教育的，等等。教师专业化发展的影响因素研究便是要综合考察这些因素对教师专业化发展的正面和负面影响，并寻求促进教师专业化发展的策略。

我国关于教师专业化发展影响因素的研究，从最初探讨教师专业化、教师专业化发展的内涵时就已经开始，只是它没有作为一个独立的"问题域"

得到重视。可以说，我国关于教师专业化发展影响因素的研究还处于起步阶段，人们从不同的研究视角出发，得出了不同的结论。如有人认为师范教育体制、教师培训、教师职业的社会地位、教师待遇等是影响教师专业化发展的重要外部因素；而教师的专业知识、专业能力、专业精神、专业人格等是影响教师专业化发展的内部基本因素。美国学者费斯勒（R. Fessler）将这些因素分为个人环境因素和组织环境因素。

教师专业化发展的影响因素是今后教师专业化发展研究的重要领域，针对以往研究偏重理论分析和质性研究的现象，今后将会有更多的人采用实证的方法来研究这一课题。

**4.教师专业化发展途径研究**

教师专业化发展的途径就是要探索通过哪些途径来促进教师专业化水平的提高。教师专业化研究之始，教师专业化发展的途径问题就成了人们研究的一项重要内容。教师专业化发展途径受到社会的政治、经济、文化和科技的影响很大，人们不断在新的社会背景下探索新的教师专业化发展途径，如教师互助协同发展途径、网络社区途径等。教师专业化发展途径突出的时代性决定了我们要不断探索具有时代特色的有效途径，因为教师专业化发展途径研究将是一个永恒的研究课题。

# 第三节 教师专业化发展的
# 研究意义

叶澜教授曾经说过："没有教师生命质量的提升，就很难有高的教育质量；没有教师精神的解放，就很难有学生精神的解放；没有教师的主动发展，就很难有学生的主动发展；没有教师的教育创造，就很难有学生的创造精神。"这充分表明，最终决定学生发展水平和教育教学质量的关键要素是教师，即教师自身的专业发展和专业成长——这也正说明了教师专业化发展研究所具有的意义和价值。

## 一、教师专业化发展研究的理论意义

教师专业化发展研究的理论意义主要体现在，通过研究阐明教师专业化发展的诸多问题，形成教师专业化发展的一系列概念，揭示教师专业化发展的基本规律，建立科学的教师专业化发展的理论体系。

### （一）阐明教师专业化发展的诸多问题

问题不仅是教师专业化发展研究的基本逻辑起点，也是教师专业化发展研究的最终目的。教师专业化发展研究的理论价值之一，就是阐明教师专业化发展领域的诸多问题，如教师专业化发展是什么，教师专业化发展的内部结构，教师专业化发展的根本动力，教师专业化发展的主要路径等。换句话说，教师专业化发展研究就是要探寻和发现、分析和解释、应答和解决教师专业化发展的核心问题。

## （二）形成教师专业化发展的一系列概念

概念是一门学科的基本元素，教师专业化发展研究的重要任务之一，就是要从纷繁复杂的教师专业化发展事实中抽象、提取和加工出教师专业化发展过程中那些质的规定性，从而形成教师专业化发展的若干基本概念。教师专业化发展是随社会发展和教育改革的深化而不断变化的。当人们在长期教师专业化发展实践活动中积累了相当丰富且行之有效的经验之后，许多学者对这些经验进行总结、概括和升华，形成各种教师专业化发展的思想和理论，这时教师专业化发展学科便应运而生。由此可见，教师专业化发展研究的重要价值首先就是对教师专业化发展一系列概念的科学解释和细致描述。

## （三）揭示教师专业化发展的基本规律

规律是事物内在的、本质的和必然的联系。教师专业化发展研究的理论价值之一，就是通过研究教师专业化发展的问题、现象和事实，揭示教师专业化发展存在的客观规律。通过把握规律，对有效促进教师专业化发展提出建议，也就是试图在总结经验的基础上将对教师专业化发展的研究提升到较高的理论层次，以便为更普遍的教师专业化发展活动提供有效的借鉴、指导和帮助。

## （四）建立科学的教师专业化发展的理论体系

逻辑体系是事物发展过程的本质在人们头脑中的反映，是客观事物在理论思维中的再现。教师专业化发展研究的理论价值之一，就是完成教师专业化发展理论体系的建构，追求教师专业化发展研究的科学化。教师专业化发展理论是通过一系列教师专业化发展概念、教师专业化发展判断和命题，借助一定的推理形式构成的关于教师专业化发展问题的系统性陈述。它有三个基本的规定——教师专业化发展概念、教师专业化发展命题和一定的推理形式，是对教师专业化发展现象和事实的抽象概括，具有较强的系统性。为此，首先要找出教师专业化发展学科体系的逻辑起点，也就是起始概念；然后沿着逻辑的进程，将各种复杂的联系形成逻辑体系；最后达到逻辑终点，也就是建构出科学的教师专业化发展学科体系，从而实现教师专业化发展理论对教师专业化发展实践的指导价值。

## 二、教师专业化发展研究的实践意义

教师专业化发展研究的根本目的是促进个体的自我实现，提升学校专业水平，完成学校教育目标以及提高教育品质。其实践意义主要表现在以下几个方面。

### （一）增长专业知识和能力

由于课程和教育教学知识的扩充，教师在面对教育教学改革的同时，也要面临因社会和时代的变迁以及知识迅速增长所出现的问题，因此教师不断充实自己就显得格外重要。教师必须了解和应用日益增长的专业知识，通过不断进修确保教育教学的成功。教师专业化发展研究可以提高教师的专业知识和能力，拓展教师的知识领域，让教师在学术及专业上获得成功，并尽可能促使教师发展新的专长领域，从而适应课程和教育教学知识不断增长的形势。

### （二）提升教育品质

教师专业化发展是一条迈向优质教育的重要途径，也是确保教育教学效果的重要措施。唯有教师获得持续的成长，不断提升专业能力，才能使教师专业理想以及教师专业自主的理念落到实处。教师专业化发展研究的主要目的之一，就在于强化教师的教育、发展及更新，借助教师教育品质的提升，促进学生能力的提升，最终促进学生学业的良好发展。

### （三）体验专业幸福

教师专业化发展研究能够使教师更好地体验专业生活的乐趣，获得专业成就感、满足感、自豪感和幸福感，发挥自身教育教学创造性的才能，分享成功的喜悦，同时也使其不仅把教师职业看作一种生存的手段，更重要的是从职业活动中体悟人生的价值。正如有的学者所说的那样，教育不是牺牲，而是享受；不是重复，而是创造；不是谋生的手段，而是生活的本身。

### （四）实现生命价值

人的价值既包括人生价值，也包括人格价值，前者是指个人对他人、社会的价值，后者则是指人自身的价值。教师的人生价值是指教师对他人、社会的价值，强调的是教师如何使自己有益于他人和社会；教师的人格价值是指教师行为对维持其需要、尊严等的价值。教师的人生价值和人格价值是辩证统一的，教师作为价值客体和活动主体，是其在价值关系和活动关系两个参照系中的两种身份，而不是两个人或两个群体。从教师存在是人生价值和人格价值的统一角度来理解教师的专业成长，它应该具有双重性——教师专业化发展既要实现教师的人生价值，又要实现教师的人格价值。

教师专业化发展实现教师的人生价值，是教师专业化发展的事实特性或工具价值，主要指教师寻求知识更新、提高教育技能，把自己培养成喜欢教师职业又有教育技能的教师，这是教师专业化发展的事实要求，也是最基本的要求。教师专业化发展实现教师的人格价值，是教师专业化发展的价值特性或本体价值，是指教师把教育活动当作一种境界。在这样的价值观引导下，教师能够更加关注生命、关注现实社会，从而使教师的专业成长能够超越世俗功利，成为个体生命完善的中介。

### （五）促进教育变革

教师的专业成长水平直接影响其对教育诸因素的看法，决定教师的教育价值观、学生观、教学观和课程观等，决定着教师在教育教学活动中的行为表现。对教育的不同理解，直接影响教师处理问题的方式，反过来又影响到教师的教育教学水平，教师怎样看待学生，直接影响学生个性的形成和人格的完善。教师对学生的态度、对同事以及教育工作的态度影响着教育的成效。

有学者通过对专家型教师和新手型教师进行比较研究，认为专家型教师的知识至少有三方面的特征：一是专家型教师的知识是专门化的，而且限于特定的领域；二是专家的知识是有组织的；三是专家所知道的大部分是缄默的知识。这种缄默的知识是难以形式化和通过他人的直接传授来获得的，只能由当事者本人在特定领域内活动的经验中去创造。这就说明，教师的专业成长水平对学生的成长和发展具有直接的影响，决定着教育教学的质量和效率。教师对课程的认识水平也影响课程最终目标的实现，影响教育社会功能的发挥。因此，教师专业化发展研究是教师教育的重要课题，我们不仅要关注学生的成长，还要特别关注教师的专业成长。

## （六）服务社会发展

教师承担着为社会培养高素质、高水平人才的重任，因而能更有效地发挥教育在社会政治、经济以及文化等领域的作用，促进人类社会的文明与进步。可以毫不夸张地说，社会的文明与进步有赖于具有良好素质的人才，高素质人才的培养有赖于优质的教育，而教育作用的发挥和水平的高低则直接取决于教师的素质与水平，衡量教师水平高低的主要标准是看教师专业化发展的水平和层次。教师的专业成长间接地影响着社会，教师是为社会培养人才的人，所培养人才的素质和质量影响着社会发展的速度和质量，特别是在当今知识经济时代，人才的质量决定着经济增长的水平。没有高素质的人才，就没有社会的良性发展，就难以实现全面现代化。当今世界各国的竞争主要体现在人才的竞争上，没有一大批高素质的人才，国家就难以在日趋激烈的国际竞争中占据有利地位。因此，教师专业化发展研究不应被忽视。

# 第二章 英语教师专业化
# 发展的基本理论

英语教师专业化发展是英语教师个体由新手逐渐成长为专家型教师的过程，是英语教师在整个专业生涯中，通过终身专业训练，学习教育专业知识技能，逐步提高自身从教素质，增强专业能力，成为一个良好的教育专业工作者的专业成长过程。英语教师专业化发展是英语教师终身学习的过程，是英语教师不断解决问题的过程，是英语教师的职业理想、职业道德、职业情感、社会责任感不断成熟、不断提升、不断创新的过程。概括地说，英语教师专业化发展就是指英语教师习得有效教学专业实践所必需的知识与技能的过程。

# 第一节 英语教师专业化
# 发展的主要模式

## 一、学校主导模式

学校主导模式是指教师专业化发展由教师所在学校主导，根据学校的实际情况和教师的实际需要确定有关制度，制定有关方案，组织和开展促进教师专业化发展的形式多样、丰富多彩的各项活动。

学校主导模式主要具有五大优势：①培训活动与日常工作密切结合，既可以缓解工学矛盾，又有利于克服理论与实际相脱节的弊端；②培训目标明确、具体，直接服务于教师的教育教学工作，直接促进教师的专业发展；③培训内容比较丰富，不仅有政策与理论的学习，更主要的是有针对教育教学实际问题的观摩与探讨、交流与借鉴；④培训形式灵活，校本培训可以与校本研究结合起来，使培训克服了单纯的知识讲授的方式，在听课观摩、问题讨论、实践反思、观点交流等活动中，教师的专业素质逐渐得到发展；⑤培训成本较低，因为教师在学校参加学习与培训，不需离开学校外出。

与此同时，学校主导的英语教师专业化发展模式也存在一些不足。

首先是培训资源的有限性。仅仅依靠学校自身的资源来提升教师专业水平是远远不够的，学校还必须开发校外培训资源，如与校外专家、教研部门、教师培训机构等建立稳定、密切的联系，随时关注各种培训和学术会议信息。

其次是专业发展的经验性。校本培训更多的是注重提高教师解决实际问题的能力，对于教师专业化发展具有较强的针对性和实效性。但是，校本培训也容易使教师专业化发展仅仅停留在实践经验和操作技能的层面，忽视对经验的提升和对教育规律的总结与归纳，难以提升到理论层次。

## 二、自我指导模式

### （一）自我指导模式的内涵

自我指导模式是指以教师的自我发展、自我指导为主，以教学经验丰富的教师或专家的帮助支持为辅，通过对自己教学活动的反思、研究，对同事教学的观摩、模仿等，总结教学过程中的经验教训，寻找与同事之间的差距，自己探索教学方法，加强与学生的交流沟通，冷静处理课堂突发事故，从而提升自我教学能力的一种专业发展模式。在这种模式中，教师自己的教学发展意愿是决定性因素。2006 年，埃德姆斯（P. Adams）提出了教师发展的三种模式，即理性主义发展模式、行为主义发展模式和建构主义发展模式，自我指导型教师教学发展模式的理论基础就是理性主义。

理论主义发展模式认为，教师在理性的指导下，具有自我发展的能力与动力，能够改正自己的教学行为，科学而客观地指导自己的发展。理性主义重视严密的逻辑推理和实证在知识生产过程中的重要作用。理性主义认为，教师教学发展的过程主要是专家向教师传递知识的过程，而讲授、阅读、记忆等是教师教学发展的典型行为。

## （二）自我指导模式的操作方式

### 1.自我预期

在自我指导型教师专业化发展中，首先，教师需要对自己有一个预期，即教师希望达到什么样的教学目标，在学生面前呈现一个怎样的教师形象，同行或领导如何评价自己，着重发展自己的哪一种教学能力。其次，教师要了解为了达到这样的目标，教师自己需要做哪些准备，克服哪些困难等。通过回答这些问题，教师对自己的教学发展目标会有一个清晰的认识。

### 2.自我评价

教师需要进行自我评价，即对现在的自己有一个准确的定位，明确自己在教学中的优势和劣势，如何更好地发扬自己的优点和长处，而自己的劣势是什么以及它会带来怎样的危害。

### 3.确定差距

在自我指导型教师专业化发展中，教师在完成自我预期与自我评价之后，需要找出二者之间的差距，即要实现教学能力的提升，自己需要在哪方面努力，是课前的教学设计，教姿、教态的端正，教学语言的规范，教学方法的改进，还是现代多媒体教学技术的学习。

### 4.制定计划

教师找出自己的教学理想与现实之间的差距后，需要制定切实可行和科学的发展计划，将自己的教学发展目标付诸实践。教师要明确自己教学发展的现实性和可能性，制定计划时既要考虑已有的教学经验，也要考虑自己为了达到目标应该学习哪些教学技能和教学方法；既要考虑哪些培训和课程对自己有用，也要根据自己的时间和精力考虑能够参加哪些培训和课程。

5.实施计划

最后，教师需要实施自己制定的教学发展计划，将计划落到实处，最好能够将目标分解为一个个比较容易实现的小目标，然后逐一实现。教师需要确定哪些新的技术和行为能够为自己所用，并在确定后执行。在实施已经制定的教学发展计划时，教师还需要时刻对新的观点进行反思。

# 三、专家主导模式

专家主导模式是指教师专业化发展由专门的学术机构或者专家教授牵头组织和实施的教师专业化发展方式。专家主导模式主要有教师发展学校、项目合作研究和民间学术活动三种形式。

教师发展学校是大学与中小学共建的新型学校，是由大学提供专业支持，中小学提供实践基地，共同促进教师专业化发展的一种新模式，它既可以为中小学培养教师，也可以为大学进行教育探索，为促进学生学习提供平台。

项目合作研究主要表现为专家教授领衔的课题研究，吸收中小学教师参与其中，从而形成专家主导、教师参与的课题研究格局。这种项目合作研究的模式有利于改善教育理论与实践相脱节以及教育研究效益低下的状况，既有助于专家课题研究任务的完成，也带动了参与项目研究的教师的专业发展。

民间学术活动是民间力量组织的学术培训或学术会议。这些民间组织包括民办（含事业单位所办）教育机构、民间教研机构以及民间学术团体（如各种学会、协会、专业委员会等）。民间组织围绕教育改革与教师关注的热点问题，组织学术研讨会或培训班，邀请教师参加。教师通过参与这些会议或培训，开阔视野，加强交流，既可以获得专业领域的理论知识，又可以进行现场观摩。

专家主导模式具有三大特点。

一是针对性强。无论是项目研究还是学术会议，都选择某一领域的特定问题为主题，使研究或研讨的主题更加明确。

二是非强制性。专家主导模式并不强求每个教师都要参加，合作研究或参与会议都是教师与专家（或机构）双方自愿的结果，因此教师的主动性较强，参与比较积极，收获也比较明显。

三是选择性。教师可以根据自己的兴趣、研究基础以及学校和个人的实际情况，从各种学术信息中选择自己愿意参与的活动。这种模式符合教师专业素质个性化发展的需要。但是，专家主导模式容易受到场所、时间以及经费的限制，大多数教师没有条件参与。

各种模式各有优势和不足，往往在专业发展的不同阶段需要互补和交叉，也由于教师本身的差异性而对不同的教师有着不同的作用。

# 四、松散合作模式

松散合作型的教师专业化发展是指以教师之间的非正式合作为基本方式的教师专业化发展，它主要通过非正式的交流、借鉴、学习来实现教师的专业发展。松散合作型教师专业化发展并不看重教师之间合作的形式，认为只要教师之间的合作是有效的，是能促进教师发展的，就可以看作合作，而且这种合作应该是自然而然发生的。松散合作型教师专业化发展的理论基础是埃德姆斯提出的建构主义。建构主义认为，知识往往不是被简单地传递，而是被创造性地建构起来的。知识的建构建立在参与者共同的兴趣之上，广泛的主体共同参与知识的创造，原有的知识和经验被重构，在此过程中也创造了新的知识。建构主义认为，教师的专业发展是教师内在地建构自己的教学知识的过程，它重视对话、讨论、研讨会在教师专业化发展中的价值，认为在这样的合作中，教师集体共同建构了教学知识。

　　松散合作型教师专业化发展将正式合作与非正式合作混合起来，使教师的教学发展在轻松、安全和信任的环境中进行。教师在获得教学进步的同时，能够享受和谐的人际关系带来的愉悦感，因此这种专业发展方式深受教师的欢迎。松散合作型教师专业化发展的主要方式包括以下几种。

### （一）学术午餐会

　　学术午餐会是松散合作最典型的形式。它通常发生在午餐时间，由教师自愿参加，并以随性发言和自由讨论为主，在相互支持、肯定的氛围中，对教育教学中遇到的问题进行探讨和交流。教师之间是平等的，讨论之后也不需要进行总结。这种形式有利于教师认识更多的同行，思考更多的教学问题。来自不同学科和不同领域的教师之间的交流还有利于教师教学方法的改进和教学思维的发展。

### （二）松散教学团队

　　学校应该鼓励相邻或相近学科的教师建立互动的教学团队，但这种教学团队是非正式的，教师是自愿组织的。教学团队通过经常性的交流互动，共同讨论彼此在教学中遇到的问题和困惑，并通过有计划的合作，如交流会、共同备课等调动成员之间合作的积极性和主动性，以改进教学方法，完善教学策略，提高教学能力。教学团队还应该采取措施发展团队成员之间的友谊，使其在工作或者生活中互帮互助，并通过一些活动来增进彼此的感情。在教学团体内部成员之间营造合作和交流的氛围，促进彼此之间信息的交流和合作活动的开展。

### （三）教学咨询

　　教学咨询是指当教师在教学中遇到困难时，向专家和导师请教的行为，教学咨询人员通常都是相关领域，如教育技术学、教育社会学、教育心理学等方面的专家，他们能就教师提出的教学问题做出专业的分析和指导。教师通常会就教学中遇到的"疑难杂症"，如教学技术问题、与学生的交流互动问题、小组讨论引导问题、教学策略问题等向专家咨询，专家通常会根据自己的知识或在查阅资料后对教师遇到的问题进行指导。教师咨询的方式通常是电子邮件、电话或面对面咨询，其中面对面咨询是最有效的形式，这种形式能帮助教师准确地表述自己遇到的问题，使咨询能够充分地展开，并且避免误解。此外，还可请专家当面示范，让咨询更有意义。

## 五、实践研习模式

实践研习型教师专业化发展是指以教师的教学实践为出发点和归宿，以完善和提高教师的教学实践为目标，以观摩教学、教学研究、合作交流和试验实践为基本方式的教师专业化发展模式。从发展方式上看，实践研习型教师专业化发展的前提和基础是实践，通过对实践的总结、反思、研究，能提高对实践的认识，并通过这种认识来指导自己下一次的教学实践。实践研习型教师专业化发展的理论基础是埃德姆斯提出的行为主义发展范式论。

行为主义发展模式认为，教师教学知识的增长和教学技能的获得是能被控制的，教师可以通过外部的观察与反馈，或通过自身的实践和试误，获得教学发展所需要的知识和技能，从而提升教学能力和教学水平。行为主义发展范式认为，教师评价、教学观摩、教学工作坊、教学示范等是教师教学发展的重要形式，专家指导、同伴交流和重视反馈是教师教学发展的有效方式。

教学发展属于一种行为的学习，它虽然需要一定理论的指导，但归根结底还要从实践中学习。理论是对客观事物发展规律的抽象认识，但具体实践是丰富的，理论必须用来指导实践才会有价值，否则只是空洞的说教而已。而另一方面，实践也是理论的来源，理论是从实践中总结抽象出来的，教师的专业发展必须重视实践的价值和力量，并以实践为出发点和落脚点。

实践研习型教师专业化发展模式认为，对教学的认识应该从实践中来，并且运用到实践中去。实践研习型教师专业化发展反对简单地告诉教师哪一种教学方式更有效，而是主张让教师自己在实践中发现哪种教学方法更优越，更易于让学生接受，从而在实践中提高自己的教学能力。

在教师专业化发展中，教师应该多与同行进行交流，研究他们的教学方法，吸收其中的精髓为自己所用；反思自己的教学实践和留心周围的教育现象，善于发现问题、分析问题，从而解决问题；不断根据实际情况改变自己的教学方法；扩展自己的专业知识和能力；及时更新自己的教学理念、教学手段，培养自己的创新能力，从而提高自己的教学能力。

# 第二节　英语教师专业化发展的内在要求

## 一、完善的知识结构

### （一）扎实的英语学科知识

1.词汇知识

（1）英语词汇的形态结构

了解词的各种构成要素及其称谓。

（2）英语构词法

英语单词构成有其规律，掌握构词规律，才可以更好、更快、更准确地记忆单词。

（3）词类

词类又叫词性，根据不同的标准可以进行不同的分类。一般根据英语单词在句子中的功用可以将其分为十大类：名词、形容词、副词、动词、代词、数词、冠词、介词、连词、叹词。

（4）词义与语境

词义，即一个词最初的含义，称作本义。以本义为出发点，根据它所反映的事物或现象的各个特点，词在它的发展过程中又会产生若干个与本义相关但并不相同的意义，这就是词的引申义。语境，即言语环境，既包括语言因素，也包括非语言因素。上下文、时间、空间、情境、对象、话语前提等与语词使用有关的都是语境因素。语境对词义的作用主要表现在消除歧义、限定所指、提供猜词线索等三个方面。

（5）英语习语

语言是文化的载体，习语又是语言的精华，是一门语言不可或缺的组成部分。习语一词的含义甚广，一般指那些常用在一起、具有特定形式的词组，其蕴含的意义往往不能从词组中单个词的意思推测而得。

2.语法知识

语法是研究语言结构规律的科学，它说明该语言中词或短语等语言成分是如何结合起来形成句子的。语法包括词法和句法两部分。前者是指词的结构、形式和类别的变化，如名词和代词的数、格、性，动词的人称、时态、语态、语气，形容词和副词的比较等级等。后者指的是句子中词以上的语言形式的排列组合规则，包括词与词的关系、词的排列、短语和句子的组成，以及句子成分等。

3.阅读知识

（1）文体及结构知识

文体一般有四种，即记叙文、说明文、议论文和应用文，在写法上它们都有各自的写作方法和结构特点。

（2）文化背景知识

文化背景包括政治、经济、社会、科学技术、天气情况、地理环境、人物的性格特点及知识水平等。

（3）生活经验

阅读理解的能力一般随着生活经验的丰富而不断提高。

（4）习语及固定搭配

每一种语言都有自己的习惯用语和固定搭配，一般情况下，这些习语和固定搭配是不能单从字面意思来理解的。这就要求英语教师在平时的语言学习与教学中进行广泛的阅读，积累、掌握习语及固定搭配。

4.写作知识

（1）写作训练的目的

写作训练一般包括两个方面：一是语言基础方面的训练，即语法和句法等方面的基本功；二是写作知识和能力方向的训练，即写作的基本理论和技巧。

（2）英语的思维方式

中国人用英语写作还面临着思维方式的转变问题，不熟悉英语语言思维方式的人，无论有何等"高超"的写作技巧，都不可能创作出地道的外文作品。

（3）英语语言的功底

英语语言的功底指对这门语言中各种语言知识的掌握和运用能力，其中包括用词的准确和精练、修辞手段的自如运用、时态的准确运用，以及语法和句法结构的熟练掌握等。

## （二）广博的文化知识

杜威（J. Dewey）指出，一个人要想成为合格的教师，需要具备两个条件，其一是对教材进行深入思考，可以完整地把握教材；其二是拥有的知识量一定要比任何教科书的或者是教学计划当中规定的知识要广博。

一般来讲，英语教师是由大学培养的，因此大学的培养模式直接决定着英语教师的专业素质。相关英语教学大纲指出，英语专业技能、英语专业知识和相关专业知识课程构成了英语专业的所有课程。在课程设置比例方面，相关专业知识课程只占15%，更多关注的是学生听、说、读、写、译等方面的能力，这势必会造成英语专业教育只是关注英语专业技能提升和知识丰富的情况。

但是，教师的工作具有人文性的特点，因为教师培养的是符合社会主义建设和发展的人，这就要求英语教师必须具备广博的文化知识，帮助学生更好地理解世界。

## 二、良好的心理素质

在谈到英语教师的素质时，教师的专业水平往往容易受到重视，而教师的心理素质很容易受到忽视。实际上，一名优秀的英语教师应该具备良好的心理素质。心理素质是一个人的情感、意志和性格的总体反映，具有良好心理素质的教师更容易受到学生的欢迎，这对英语教学来说尤为重要，因为学生很容易产生移情的心理效果，他们很容易把对一个教师的喜爱转移到这个教师所教授的课程上面。一名优秀的英语教师首先应该是一个受学生欢迎的教师。

在情感方面，英语教师首先要热爱教育事业，并愿意为之付出心血。青少年是祖国的未来，是21世纪中华民族复兴事业的主力军，他们素质的高低将直接影响中国未来的发展。因此，每个英语教师都要有高度的责任感和责任心，立志把自己的学生培养成有用之才。

在日常教学中，尽管学生也有让教师烦心的时候，但是他们的点滴进步都是对教师最好的回报。教师要热爱自己的每一个学生，对学生要一视同仁。一个班级的学生来自不同的家庭，每个家庭都有自己独特的情况。每个学生也有自己的个性，教师要平等地对待每个学生；不偏袒自己特别喜欢的学生，也不歧视自己不喜欢的学生；要对学生充满爱心，建立融洽、和谐的师生关系。

在意志方面，英语教师要具有克服困难的勇气和决心。青少年在学习英语的过程中会出现各种各样的问题，许多问题是无法从书本中找到答案的，这就需要教师培养自己良好的意志，不断地在教学实践中探索解决问题的方法。英语学习是一个漫长的过程，世界上没有哪一种速成秘方，能够使学生迅速地学会英语。这需要学生有恒心，也需要教师有持之以恒的意志。这种持之以恒的意志还表现在教师自身能力的提高方面。一个优秀的教师需要在教学实践的过程中不断地发现问题、解决问题；不断地通过学习、研究提高自己的教学水平。每个教师都是生活在这个社会中的人，每个人在生活中都有烦恼，教师要善于控制自己的情绪，不要把不良的情绪带到课堂中。

在性格方面，英语教师要活泼热情，幽默风趣；同时还要善于组织教学，把课堂教学组织得井然有序，生动活泼。

## 三、过硬的基础教学能力

任何一门专业都对从业人员有基本的能力规定，这些能力规定就是该专业所需的基础能力。英语教师作为承担英语教学任务的专业人员，从其所面向的对象、工作的场所、工作内容，以及追求的目标等方面来看，至少应该具备以下三个方面的基础教学能力。

### （一）沟通能力

现代教育教学理论已经不再把教学看成知识输出和接受的过程，而是师生之间交流和对话的过程。所以，国内有学者提出了"教育即交流"的命题，认为教育的过程实质上就是师生沟通的过程。在日常教学中，同一堂课，相同的教学内容，面对相同的学生，有的课堂气氛积极活跃，有的课堂气氛死气沉沉，其主要原因是教师沟通能力存在差异，无效或低效的沟通直接影响教师的教学效能。因此，沟通能力对教师来说是最基础的能力。

英语教学尤其需要沟通和交流。学生语言能力的习得往往需要师生之间的充分互动，互动的过程其实就是沟通交流的过程。如果教师缺乏这方面的能力或这方面的能力不强，教学效果就会不理想。教师要实现有效的沟通和交流，必须树立以学生为本的思想，在教学中充分发扬民主精神，公平地对待每一位学生，耐心地倾听每一位学生的心声，同时要注意沟通时的语言技巧，让学生乐于沟通，乐于参与课堂学习，进而热爱英语学习。充分有效的沟通和交流的教学才是有效的教学，具有有效沟通和交流能力的教师才是能真正胜任教学的专业教师。

## （二）教学设计能力

面对一个特定的教学任务，教师如何组织教材，如何设计教学程序，采用何种教学方法和技术开展教学显得尤为重要。好的课堂设计可以使课堂教学跌宕起伏、妙趣横生，可以一下子抓住学生的注意力，激发学生求知的欲望。教学设计能力的高低与操作性知识的多少是密不可分的。但是，操作性知识丰富并不意味着教学设计能力强。英语教师要有意识地加强对有关教学设计的研究，不同的教学设计理念、不同的教学活动的选择、不同的教学媒体的运用都会在很大程度上影响教学效果，影响学生英语能力的习得、巩固和提升。

## （三）教学监控能力

一堂课能否顺利展开，能否取得预期的教学效果，不仅有赖于教师的沟通能力和教学设计能力，还与教师的课堂管理能力密切相关。按照北京师范大学心理学教授林崇德先生的说法，这种课堂管理的能力就是"教学监控能力"。林崇德先生认为，教学监控能力是教师的核心能力。在一个有几十名学生的教学班，没有很强的教学监控能力而要实施有效的课堂教学几乎是不可能的。有效地推进各种教学活动，确保不同学生在学习过程中都能获得进步，确保小组合作学习有效实施等，都需要英语教师有很强的监控能力。这种教学监控能力其实是一种综合能力的体现，它没有明确的章法可以遵循，运用之妙，存乎于心，但要做到随机应变、游刃有余并不容易。

## 四、正确的教师专业理念

教师专业理念和教师信念是经常会用到的两个词语，但教师的专业理念不同于教师信念，教师的专业理念属于教师信念，但教师信念不全是教师的专业理念，因为教师信念是教师深信不疑的观点和看法，而专业理念是教师在对教育工作本质理解基础上形成的关于教育的观念和理性信念，这意味着教师的专业理念是经过教师自身的实践和思考而建立起来的。

叶澜教授在《新世纪教师专业素养初探》一文中提出，未来教师要充分认识到教育的社会性、未来性和生命性，从而形成符合时代发展的教育观、学生观和教育活动观。就英语教师的专业成长而言，笔者将英语教师的专业理念分为英语课程观、英语教学观和英语学生观。

### （一）英语课程观

英语课程观是英语教师对英语课程的认识和看法。传统的对英语课程的看法有"课程即知识"等，如果一个教师持有这样的看法，在课堂教学中就会仅围绕英语知识体系中的听、说、读、写等方面来进行。还有人认为"课程即教材"，持有这种观点的教师在英语课堂教学中会以教材为中心，教学的过程就是忠于教材内容。正确的英语课程观应当是师生共同探索的过程，以学生的生活为主导。

### （二）英语教学观

教学过程是一个人与人互动的过程，教学过程是传承知识、培养能力、涵养品行和助长生命的过程。但在教学过程中，英语教师往往只关注知识和能力的培养，而忽视了另外两方面的发展，因此英语教师要有正确的教学观，在课堂教学中创造条件让学生感受生命，体验生活，让学生真正感悟杜威所说的"教育即成长"。

### （三）英语学生观

英语学生观是英语教师对学生的态度和看法。正确的学生观是关注学生的主观能动性，将学生看作课堂教学中不可或缺的主体，在课堂教学中充分发挥学生的主观能动性，让学生积极主动地去探究。

教师还要关注学生的心理状态，关注学生的个体差异，认识到学生是一个有发展潜能和发展需求的人。

## 五、积极创新的科研素质

刘润清教授指出，科研就是用标准的方法进行系统的研究，对问题给出可能的答案。换句话说，科研就是要用国际上公认的程序找出两个或两个以上变量之间的相互关系。英语教学中的科研就是找出影响英语学习成绩的那些变量（如教材，教法，教师，学习者的年龄、性别、智力、性格等），以及这些变量与学习成绩之间的相互关系。

总体而言，英语教学中的科研对象包括三个层次，最高层次是本体论，也就是哲学层面的问题。在这个层次上有两个核心的问题：一是语言的本质，也就是说语言作为一种人类所特有的现象，它区别于动物的交际方式的本质特征是什么；二是语言学习的过程，也就是语言学习理论，这一问题又可以分为两个方面，即学习第二语言的心理过程和学习者的个体特征差异。研究者就上述问题进行了大量的研究并取得了丰硕的成果。

本体论层次上的两个问题最为重要，对这两个问题的回答决定了如何回答其他问题。英语教学科研对象的第二个层次是实践论，主要研究教学如何实施，包括大纲的制定，教材的编写，各种语言技能的培养、测量和评估等。英语教学科研对象的第三个层次是方法论，研究具体的教学方法和手段。一名优秀的英语教师不仅是教学的实践者，还应该是英语教学与学习规律的研究者。

# 六、与时俱进的发展性教学能力

世界是变化发展的，教学也在不断变化和发展。对教师来说，不存在一成不变的教学方法，教师的知识和能力需要随着时代的发展而不断更新和提高。

## （一）合作研究能力

教学与其他工作最大的区别在于工作对象的不同，教师所面对的不是静止的物体，而是一个个具有主体思维的鲜活的生命，教学的复杂性、艺术性和创造性皆由此而生。看似常规的教学活动几乎没有一点是重复的，教师不断被置于新的教学情境中，不得不面对许多新问题。而这些问题都具有个体性、偶然性和情境性，需要教师自己去反思，去寻根究源，找到解决问题的方法。所以，研究应该是教师工作的一种常态。

培养教师研究能力的第一步，是培养教师的批判和反思意识。教师只有摆脱日常经验的限制，对看似平常的教学现象保持批判的态度，才能发现隐藏在教学现象背后的深刻的教育问题；只有通过日常教学反思，才能以敏锐的目光去捕捉那些教学中值得关注而又易于忽略的细微之处。

不进行研究和反思，简单重复已有的教学经验，是许多教师专业能力退化、教学效能低下的重要原因。如果一个教师仅仅满足于已有的经验，而不对经验进行深入的思考，那么，他充其量只是一个"熟手"，永远都不会成为研究型教师。因此，只有教师自己才能改变自己，只有当教师意识到自己经验的局限性，并通过反思进行批判、调整和重构后，才能形成先进的教育理念，进而总结出有效的教学方法。

当然，教师的研究不应是一个人的苦思冥想，而是需要与同事进行沟通和合作。教学工作的特殊性和复杂性决定了教师仅仅依靠个体反思难以实现真正意义上的专业发展。教师需要与同事一起合作，共同发现问题和解决问题。因而，合作应该是教师研究的主要方式。培养合作能力需要教师有平等、开放的心态，有不耻下问、乐于助人的精神，有不计个人得失、把促进学生发展作为教学唯一目的的教育信念。

实践表明，教师的合作研究能力会在教学中深刻影响学生的合作探究能力，这一点在英语课堂教学中表现得十分明显。有合作研究习惯的教师自然会把这种习惯带到自己的课堂教学中，从而使自己的课堂教学更具亲和力。长此以往，教师的习惯也就会变成学生的习惯，这可以提高学生的合作研究能力。

## （二）创新能力

创新是教学的灵魂，也是教学的最高境界。教师的创新能力是区别"经验型教师"与"专家型教师"的根本标志。所谓创新能力，是指教师能否根据教学内容、情境和对象的变化，创造性地运用教学理论和教学方法以达到教育目标的能力。

创新能力的培养不仅有赖于教师教育教学观念的更新，更有赖于教师个体实践经验的积累，以及教师对教育教学理论的辩证理解和对教学方法及教学手段的灵活运用。脱离基础能力的培养，没有发展的意识和能力，教师的创新能力也就无从谈起。教师个体实践知识的多少与创新能力的高低有着十分密切的关系。因此，教师要不断丰富个体的实践知识，以提高自身的创新能力。

## （三）生涯规划能力

当今世界，社会的发展日新月异，学校所面临的教育环境和社会环境日益复杂，教学专业所面临的挑战也日益严峻。"做一天和尚撞一天钟"的教师已经不能满足教育发展和社会发展的需要，教师要根据时代发展要求，树立明确的、切实可行的专业发展目标，并根据自身所处的内外教学环境，确定并不断调整专业发展的内容和途径。教师只有对自己的职业生涯有清晰的规划，才能明确人生和职业的发展方向，才能清楚地认识到自身的价值，抓住机遇，增强自身的职业竞争力。

　　每位英语教师在工作开始，就应树立远大的职业理想，做好自己的职业规划，确立自己在各个发展阶段的提升目标，并激励自己一步一步地走向成功。

# 第三节　教育新常态下的
# 英语教师专业化发展

　　2019 年，教育部发布的《教育部关于深化本科教育教学改革全面提高人才培养质量的意见》明确提出要引导教师潜心育人，并分别从完善教师评聘制度、加强基层教学组织建设、完善教师培训与激励体系、健全教师考核评价制度、建立健全助教岗位制度等制度层面保障教师的教学质量。由此可见，围绕人才培养这一核心，如何优化教师知识结构，推动教学模式改革，促进教师专业化发展，是值得学界深入探讨的课题。

　　就英语教育而言，随着新文科、课程思政、在线教学等理念的普及，广大英语教师也面临着巨大挑战。笔者将在英语教育新常态背景下，从教师认知、学科知识、教师能力、教师情感等不同的角度对英语教师专业化发展的路径进行梳理，以期为相关研究提供参考。

# 一、英语教育新常态的关键词

"新常态"这一术语源于经济领域。2014 年 11 月 9 日，在亚太经合组织工商领导人峰会开幕式上，习近平总书记指出中国经济呈现出新常态，有几个主要特点：一是经济从高速增长转为中高速增长；二是经济结构不断优化升级，第三产业消费需求逐步成为主体，城乡区域差距逐步缩小，居民收入占比上升，发展成果惠及更广大民众；三是从要素驱动、投资驱动转向创新驱动。其中的"创新驱动"也适用于高等教育的发展。

笔者认为，随着新文科理念的普及，"六卓越一拔尖""双万计划"的推进，以及 2020 年疫情期间在线教学的常态化，英语教育已逐步进入以"新文科、课程思政、在线教学"为关键词的新常态。这一新常态赋予英语教师专业化发展以新的内涵，同时对英语教师认知、教师知识、教师能力、教师情感等也提出了新要求，下面进行具体阐述。

## （一）新文科

2019 年 4 月，教育部、科技部等 13 个部门正式联合启动"六卓越一拔尖"计划 2.0，全面推进新文科等四个新学科的建设，新文科概念逐渐引起国内学者的关注。

世界在变化，高等教育不得不变。新文科这一概念是面向新一轮科技革命、产业变革与世界高等教育发展而提出的，它主要强调对传统文科内部和外部进行拆分重组，不仅要打破文科内部的学科壁垒，更要将文科与工科、理科等自然科学学科相结合，进行学科融合、文理交叉。新文科强调用互联网、人工智能、大数据等现代科学技术手段来研究人文社会领域存在的问题，同时以人文思想、批判性思维引导理、工、农、医类学科的发展。

总体来说，新文科的理念高度适应世界高等教育发展的趋势，高度符合国家人才培养的总目标。概括来说，新文科理念主要有以下几个主要特征。

### 1.创新性

与传统文科相比，新文科最突出的就是一个"新"字，我们可以将其理解为新文科的创新性。这个"新"字主要体现在三个方面。首先，"新"在背景。新时代、新形势要求文科进行新发展。在中国特色社会主义新时期，加快建设社会主义文化强国，增强文化自信，提高国际话语权是国家的重大战略要求，更是时代发展的必然要求。其次，"新"在内容。学科融合、文理交叉为文科建设提供了新的研究视角，新兴专业的产生为我国科研发展提供了新思路、新内容。最后，"新"在手段。新技术的应用逐渐融入文科的研究之中，信息技术为人文社会科学研究提供了新手段，大数据分析不仅可以帮助学者们发现新问题，还可以为他们研究旧问题提供新视角。

### 2.融合性

传统文科为了提高学科研究效度，使学生更深入地了解某一学科知识，往往将一个整体知识体系划分为细碎的内容，这导致了学科之间相互孤立、互不交融的问题。新文科思想的出现，冲击了传统学科专业化、精细化的学科构架。首先，它打破了文科内部的壁垒，使文科内部学科之间相互融合，这有利于产生新的研究视角和研究方向，从而为文科发展注入新活力。其次，新文科要求文科与理、工、农、医等学科交叉，发展出文理交叉的新兴学科，这有利于培养跨专业的复合型人才，适应国际发展的大趋势。

### 3.需求导向性

纵观当今社会的发展与时代的需要，新文科概念从提出之时就带有满足社会需要、引领国家教育发展的特殊属性。语言是国际沟通的桥梁，英语教育对于增强国家文化软实力、提高国际话语权有至关重要的作用。新文科的提出，满足了国家高等教育的战略需要，有助于为国家培养符合时代要求、满足社会需要的国际化人才。

2019 年为新文科建设元年，多位专家学者从不同角度对新文科的内涵和发展进行了探索和实践。王铭玉和张涛认为，高校新文科建设重点要把握人文社会科学新的研究对象、新的研究范式和新的社会需求，突破传统思维定式，做好观念重构、结构改造、模式再造、平台垒筑等工作。樊丽明指出，中国建设新文科的核心要义是要立足新时代，回应新需求，促进文科走向融合化、中国化、国际化，引领人文社科新发展，完成服务人的现代化新目标。王学典提出，新文科以中国特色哲学、社会科学为核心内容，在一定程度上能反映、呈现和包含中国经验、中国材料、中国数据。就英语学科而言，如何跨学科建设新专业或者如何赋予专业新的内涵就显得至关重要，而对英语教师而言，如何改变认知，由学科导向转为问题导向，由技能导向转为能力导向，建构跨学科或者超学科知识，促进英语与新技术的融合等，是值得深思的问题。

（二）课程思政

2020 年 6 月，教育部印发《高等学校课程思政建设指导纲要》（以下简称《纲要》），旨在全面推进高校课程思政建设，发挥好每门课程的育人作用，提高人才培养质量。《纲要》明确指出要"抓住教师队伍'主力军'、课程建设'主战场'、课堂教学'主渠道'"。就专业教育课程而言，要根据不同学科专业的特色和优势，深入研究不同专业的育人目标，深度挖掘和提炼专业教育课程知识体系中所蕴含的思想价值和精神内涵，拓展其广度、深度和温度，增加课程的知识性、人文性，提升引领性、时代性和开放性。以上要求不仅符合一流课程的标准，而且强调社会主义核心价值观的融入。

在这一背景下，对英语教师而言，有必要丰富知识结构，针对不同类型、不同层次的课程结合"一专多能、一精多会"的人才目标，挖掘课程的人文精神与价值内涵，坚持"三全育人"，在知识传授和能力培养中引入社会主义核心价值观教育，推动中华优秀文化走出去，培养学生的家国情怀，提高学生的跨文化沟通能力。

（三）在线教学

随着互联网的发展，慕课、微课等教学形式应运而生，在线教学也得到了迅速发展。如今，在线教学已成为学校教学的重要组成部分。目前，全国有上千所学校开展了在线教学，超百万名教师在线开设了大量课程，参加在线学习的大学生超过 1 000 万人，累计超 20 亿人次。由此可见，在线教学已成为我国高等教育的常态，这在一定意义上也是世界高等教育的重要发展方向。

在线教学或者是线上线下混合式教学等对英语教师的信息素养也提出新要求，英语教师，特别是承担语言技能类课程教学的教师，不仅要进一步丰富"整合技术的学科教学知识"（Technological Pedagogical Content Knowledge, TPCK），还要掌握相关教学平台、直播平台、测试软件、社交媒体的使用方式，从而确保线上线下教学同质等效。

## 二、教育新常态下英语教师专业化发展的内涵

有学者认为，教师发展是一个教师智力、经验和态度不断发展的过程。也有国外学者提出教师发展聚焦于教师的自我评估、对教学不同维度的探索，以及对教师教学路径的检验。周跃良等人指出，教师专业化发展是教师在职业生涯中不断发现问题、研究问题，从而解决问题的过程，也是集教师的专业知识、专业技能、专业素质、专业情感于一体的培养过程，更是教师自我发展、自我提升的过程。戴炜栋和王雪梅从信息化环境视角，提出英语教师专业化发展包括教师信息与通信技术素养，网络元评价能力和网络教育叙事研究能力。

结合相关论述可知，教师专业化发展本身是动态的知识建构、能力提升与情感认同的过程，而在新文科、课程思政等新常态下，英语教师专业化发展更加注重融合式理念，强调知识、能力与情感的发展。针对新文科的教学需求，教师应建构基于问题导向的跨学科或者超学科知识，促进知识融合；针对课程思政的教学需求，教师应将社会主义核心价值观理念融入课程设计理论与实践，提高课程设计能力；针对在线教学的需求，教师应将 TPCK 与师生共同体的认同感相融合，提高课程互动能力。

# 三、教育新常态下英语教师角色的转变

## （一）传统教学中英语教师的角色

受中国尊师重教文化传统的影响，教师长期被视为知识的播种者，教师在教学中的示范性特点尤为突出。

长期以来，英语教学一直沿用"以教师、教材和课堂为中心"的原则。教材所提供的知识成为教师课堂讲授的内容。许多教师往往只凭借一本教材、一本教学参考书就可以进行教学。在传统英语课堂上，教师讲解词义，学生却忙着在电子词典里查单词，或忙着看解释更详细、例句更多的各类参考书。英语教师主要充当的是知识传授者的角色，更多地关注自己教学任务是否完成，学生考试成绩是否理想，而很少关注学生在学习过程中的情感投入、个性发挥、思维能力的发展和自主能力的培养。

在传统课堂教学中，英语教师扮演的角色通常为语言知识的传授者、语言行为的示范者、课堂活动的控制者和评价者。作为语言知识的传授者，教师要认真传授学生需要掌握的英语语言知识；作为语言行为的示范者，教师要在听、说、读、写、译的技能训练中先为学生做示范，然后由学生来模仿；作为课堂活动的控制者和评价者，教师要设计和控制好课堂上的问答、听写、导论等活动的内容、步骤和时间等，并且要对参与活动的学生在课堂上的表现进行客观评价。可见，在传统的英语教学中，教师是课堂的主角，教师的讲解占据了课堂大部分时间。

随着社会的发展，教师扮演传授者、示范者、控制者和评价者角色的传统英语教育暴露出了一定的弊端，即教师角色过于单一、静态，无法有效地调动学生的学习兴趣和积极性。

### （二）新时代英语教师的角色

随着信息技术的飞速发展，计算机、多媒体和网络等技术开始渗透到人们生活的方方面面，同样也影响了英语课堂。基于此，学生的培养目标也发生了根本性的变化，即由过去的培养高级科研人才，到今天的普通工作者；由过去的培养学生的读、译能力，到今天的培养英语综合运用能力。基于这些改变，英语教学模式和英语教师的角色也必然要出现一定的变化。

在信息技术迅猛发展的情况下，教师教学已经不是学生获取语言知识的唯一途径，教师和学生的差别也不仅仅是知识量的不同，因而教师必须更加注重学生智力、情感、个性、精神和人格的发展。传统教学中教师单一的"控制者"角色已经无法适应如今英语教学发展的需求。因此，在如今的英语教学中，教师要摒弃传统的控制者、传授者、评价者的角色，更新教学观念，满足时代的发展要求。在新时代，英语教师的角色有以下几个。

#### 1.信息资源的收集、分析和提供者

现阶段的英语教学模式是以强大的网络资源作为后盾的，学生可以接触大量的信息资源，但他们却往往显得无所适从，不知道应该如何利用。因此，教师应转变职能，不应只作传统意义上知识的传授者和灌输者，而应在学生的学习过程中为其提供各种信息资源。教师在确定学习某主题所需信息资源的种类和每种资源在学习过程中所起的作用后，要广泛地收集各种分散的学习资源、学习信息，把这些资源和信息加以分析和处理，然后以多媒体和网络的形式有选择性地提供给学生。

#### 2.课堂教学中的组织者和合作者

在课堂上，教师的主导作用表现在教师既是语言知识的传播者，又是组织学生掌握知识、进行练习活动的召集者。学生参与学习活动的积极性和学习效果在很大程度上取决于教师的课前精心设计，当然也不排除课堂上教师凭教学智慧巧妙地抓住预设外的情况灵活教学。教师需要根据不同专业、不同年级学生的现有语言水平、学习特点和学习动机等，将教学内容、教学方法等适当变

通，与学生的生活和学习需要紧密联系起来，从新知识的导入、知识的延伸、问题的提出与解决、讨论话题等方面，预先设定有趣的案例、灵活多样的课堂练习等，力争让大多数学生参与到语言学习活动中来，让每个学生都有机会运用语言表达自己的思想。

需要注意的是，教师需要把握一定的"度"，既不能放任学生，又不能完全"牵"着学生走。对于学习能力不同的学生，教师要特别注意分层设计练习，让不同层次的学生根据自身的能力和兴趣等自主选择学习内容，在多媒体技术的辅助下，自主设定练习时间和环节等，从而满足不同学生的学习需要。

在英语课堂教学中，教师不妨"转变身份"，扮演与学生共同探索新知、掌握新技能的合作者角色。在学生独立学习或进行协作讨论活动时，教师不要认为把自己该讲的讲完就算完成任务了，而置学生于不顾。大多数学生希望在学习过程中与教师进行互动。

由于学生个体差异的存在，完全靠学生自己学习不可能很好地完成学习任务，教师应当参与到学生中去，或者扮演一个小角色，或者给予适当的指导，与学生一起学习、一起活动。必须注意的是，教师参与学生的学习活动时，要注意克服教师的"权威"形象，避免在无形之中又将学生置于被动地位的局面。最好的办法是教师不要过多地参与某一组的活动，不要过多地提示或建议，尽量只在学生需要帮助的情况下参与活动。

### 3.学生学习过程的引导者和帮助者

无论是知识的输入还是输出，都要靠学生自身的知识建构和内化，教师无法代替学生完成这些过程。大部分学生的学习动机较强，却苦于找不到适合自己的有效的学习方法，教师应该在知识的讲授、知识点的训练中注重学习方法的点拨和学习思想的渗透，善于运用启发性的方法逐步引导学生领悟知识的内涵、熟练掌握语言的技巧。

教师可以指导学生形成良好的学习习惯和方法。例如，如何进行课前预习以提高听课效率，如何利用联想记忆、对比记忆、归纳记忆等方法识记单词，如何提高识别语段和概括中心大意的能力，如何通过收听英文广播提高听力，等等。教师尤其要注重对那些自学能力较差、学习动力不强、学习态度不认真的学生加强引导，帮助他们养成良好的学习习惯。教师要鼓励他们不要怕基础差，踏踏实实、一点一滴地在语言实践练习中积累；要鼓励他们减少思想深处对教师的依赖，帮助他们树立自信心。

引导是教师在学生遇到困惑时给予的帮助，是对学生学习方法、语言思维等方面的指导，是建立在学生熟悉的、已经掌握的知识点和技能的基础上的提升。学生在得到教师的及时引导后，能获得信心，继而能进一步激发学习动力和自主探索的精神。教师的引导有助于提升学生的语言能力，更有利于学生形成自主学习的习惯和能力。

在传统的教学活动中，教师是教学活动的主体，知识是由教师传授给学生的。教师的讲解占了课堂的大部分时间，而学生则处于学习的被动地位，成为语言知识的被动接受者。实际上，学生才应该是学习的主体，缺少了学生的"学"，英语学习就失去了意义。有效的语言教学不应该违背自然过程，而应该适应自然过程；不应妨碍学生，而应有助于学生的学习；不能让学生去适应教师和教材，而应让教师和教材去适应学生。因此，在新的教学模式下，教师不应只是单纯地传递知识，而应该是学生学习活动的引导者和帮助者，帮助学习者根据自己已有的认知结构自主建构知识体系。

### 4.信息化学习环境的管理者和开发者

新的教学模式是以计算机、网络、教学软件、课堂综合应用为主的个性化的教学模式，教师除了能根据教学目标、教学对象、教学内容、教学条件来选择合适、有用的媒体，还必须扮演信息化学习环境的管理者和开发者的角色。

在传统教学模式中，教师的管理主要是控制和调节课堂教学，保证教学过程能够顺利进行。而在新的教学模式下，学生除课堂学习外，还要利用多媒体和网络进行独立学习和协作学习。因此，教师不仅要掌握多媒体技术以及与此相关的网络通信技术的基本知识和技能，做好信息化学习环境的管理工作，还要能设计、开发先进的教学课件，并将它们融入教学活动中，为学生营造一个集知识性和趣味性于一体的学习环境。

### 5.学生学习的评价者

信息时代对学生学习的评价，不同于传统的课堂教学的评价。学生除了在课堂上学习和参加考试，还有大量的时间进行网络自主学习。因此，教师应具有综合评价能力，以问题为导向，整理学生学习的各种数据，按照整理的结果，重点评价学生解决问题的过程。

### 6.终身学习者和教学的研究者

英语教学改革迫切要求教师提高自身素质，不断探索教育教学的新规律，这就要求英语教师还必须扮演终身学习者和教学研究者的角色。

一方面，教师应树立"终身学习"的理念，成为终身学习者。第一，教师应继续打好扎实的基本功。对以英语为工具的英语教师而言，较高的英语水平和技能是非常重要的。教师可以通过网络阅读原版的英语书籍、报纸杂志，可以通过撰写论文来提高自己的专业水平，还可以通过考研、考博、在职攻读研究生课程等来获得重新学习的机会。第二，教师应注重自身知识结构的更新。为适应不断发展变化的科学技术，教师要有意识地不断更新自己的知识体系和能力结构，不断学习各种最新的教育理论，保证自己职业能力的适应性。第三，教师要掌握现代信息技术。新的教学模式充分运用了计算机、网络、教学软件等现代信息技术手段，掌握相关的知识和技能已成为英语教师的必备技能之一。

另一方面，教师还要成为教学的研究者。英语教师要强化自己的科研意识，把教学研究作为教学工作的一个有机部分，充分认识到教学研究对提高自身素质和教学水平的重要性。教师一旦以研究者的心态置身于教育教学情境之中，以研究者的眼光审视自己所进行的教育教学实践，就会更自觉地去思考教育教学理论，对新问题会更敏感。

# 四、教育新常态下影响英语教师专业化发展的因素

英语教师专业发展受到多种因素制约，其中既有英语教师个体因素，也有外部环境因素。这些因素都在英语教师专业发展中起着重要作用。

## （一）英语教师个体因素

个体因素是影响英语教师专业发展的重要因素，是教师个人的因素，容易被人们忽视。这些因素主要包括教育信念、认知能力和职业发展动机等。

### 1.教育信念

信念是主体对于自然和社会的某种理论、思想坚信无疑的看法。信念是人们赖以从事实践活动的精神支柱，是人们自觉行动的激励力量。从某种程度上说，信念对个体成长与发展起着决定性作用。教育信念是人们对某种教育事业、教育理论及基本教育主张、原则等较为宏观、抽象的事物的认识。德国著名的哲学家、教育家雅斯贝尔斯（K. T. Jaspers）认为，教育必须有信仰，没有信仰就不能称其为教育，而只是教学的技术而已。教育是基于信念的事业，是一种基于信念的文化活动。教育信念是英语教师情感、态度、价值观的具体体现，是英语教师精神世界的"支柱"。

教育信念具有以下基本特点：①价值性，教育信念总是包含对教育价值的认识和判断；②情感性，即伴随教育信念总会产生对教育的情感体验，这种情感体验会影响教育行为的选择；③坚定性，即教育信念表明一个人对教育价值稳定的、长期的看法，一旦确立，就比较稳定，不容易受外界影响而产生变化；④个体性，指教育信念经由个体内在的感悟而生成并存在于个体的内心世界，通过个体的思想和教育实践表现出来。

英语教师的教育信念是英语教师的精神向导，不仅影响着英语教师的教育和教学行为选择，而且对英语教师专业发展具有重大影响。

（1）教育信念为英语教师专业发展提供精神支撑

英语教师专业发展主要指英语教师专业精神、专业知识和专业能力的提升和完善。英语教师专业精神是英语教师在专业追求方面表现出的思想意识、情感、意志、兴趣、信念、理想及人格风范。

教育信念是英语教师自身对教育思考后形成的对教育事业的价值判断和坚信不疑的认识，它能使英语教师的知、情、意、行和谐统一并凝聚于教育活动中，对英语教师专业发展起统帅、引领和定位作用。英语教师专业发展如果缺乏教育信念的支撑，仅仅停留于在专业知识的积累和专业技能的提高，就如同人失去了思想和灵魂，会导致英语教师难以确立长久的奋斗目标，随遇而安、随波逐流，主体精神失落，成为教育的工具和附庸，会使得英语教师只能成为以教师职业为生的人，而不能成为把教育作为事业，真正献身于其中，并为之努力奋斗一生的人。

（2）教育信念能为英语教师专业发展提供不竭的动力支持

人的行为既受外部力量的影响，也受内部因素的制约。但内部因素才是人积极行动的根本原因。心理学研究表明，需要是个体行为和心理活动的内部动力，是个体行为积极性的源泉。心理学家马斯洛认为，人类价值体系存在由低到高的七个层次的需要，其中低级的缺失性需要，如生理和安全的需要，沿生物谱系上升方向逐渐变弱，一旦得到满足，由此而产生的激发人们行为的作用就会变弱甚至消失。高级的成长性需要，如归属与爱、尊重、求知、审美和自我实现的需要，随生物进化而逐渐显现，它们很少得到完全满足，是影响人的行为的主要因素。其中，自我实现的需要是人的最高等级的需要。它是一种以最有效和最完整的方式表现自己的潜力、追求发挥自己全部能力的需要。它能推动人竭尽所能做自己认为有意义的事，完成与自己能力相称的工作，以充分地发挥自己的潜能，成为自己期望成为的人。

教育信念是英语教师自我实现需要的体现。对具有教育信念的英语教师来说，投身教育事业是最有意义、最神圣的事情，教育天地是能够充分展示他们个人的才能，体现自己人生价值的最佳领域。他们热爱教育事业，渴望在教育领域竭尽所能、有所作为。由于这样的需要永远不可能得到彻底满足，因此它会源源不断地给英语教师的教育行为提供强大的动力，持续地激励英语教师不断追求达到专业发展的更高境界；它会有力地推动英语教师调动全部生命潜能投入教育事业，主动锤炼自己的专业精神，提升自己的专业知识素养，完善自己的专业技能，克服来自外部和内部的困难，不断迈向人生和事业的新高峰。古今中外大凡在教育领域有所成就者，几乎无一不是在坚定的教育信念支持下不懈奋斗的人。

（3）教育信念有助于唤醒英语教师自主发展的力量

英语教师专业发展的核心是激发英语教师自我成长的力量。正如英国课程专家斯滕豪斯（L. Stenhouse）所说，教师专业拓展的关键在于专业自主发展的能力。这种能力的形成要求英语教师既要有发展的内部动力，又要有把动力转化为现实行动的力量。教育信念不仅是英语教师专业发展的精神支柱和动力源泉，而且对英语教师主动采取行动，实现自身的专业发展亦有积极作用。教育信念作为英语教师专业发展的动力源泉之一，能够唤醒英语教师内在的自主发展的力量。这种力量会使英语教师为实现自己的教育理想，努力发挥自己的主观能动性，主动寻求自我发展。

**2.认知能力**

教学活动是一项十分复杂的活动。在教学活动中，教学目标的确立，教学内容的设计，学生特点的分析，教学方法、策略的选择，教学进程的调控，以及在教学情境中表现出的智慧等，无不依赖英语教师的认知能力。英语教师的认知能力主要指英语教师对教学及其情境进行加工、储存、提取和应用信息的能力。英语教师的认知能力主要表现在对课堂信息的感知、注意、加工等方面。认知能力是教学能力的核心成分，是英语教师基于长期教学经验和知识的积累而形成的有效开展教学活动的能力。认知能力对英语教师专业发展有重要影响。

（1）认知能力对英语教师的教学效能产生重大影响

教师对课堂信息的选择、注意、加工能力是影响课堂教学有效性的重要方面。萨贝斯（D. Sabers）等认为，教师对课堂信息的把控主要表现在如何从复杂多变的信息中选出重要的信息。在教师专业化发展的过程中，随着知识和经验的积累，教师对课堂教学信息的选择性也不断提高，如专家型教师通常表现出忽略常规的信息，对非常规的信息予以特别关注。而且随着教师教学专长的发展，这种课堂信息加工能力逐渐由意识水平转化为无意识的自动化过程，在新手教师向专家型教师发展的过程中，教师对课堂信息的选择加工对认知加工速度和精确性的发展有一定影响。教师的认知思维能力会影响教学的效能。格利科曼（C. D. Glickman）指出，教师的认知思维水平有三个等级：低、中、高。低认知水平的教师思考教学问题较具体、简单，且局限于为数不多的几个方面。而高认知水平的教师则能对问题进行抽象思考，着重理解问题之间的关系。因而，后者的教学常表现出这样的特征：教学方法的可变性与适应性，提供的学习情境的多样性，学生学习问题处理的有效性。不同认知水平的教师对知识的理解、教学方法的选择及问题解决是不同的，产生的效果也不同。由此可见，教师的认知能力对其教学效能具有重要影响，而教学效能又影响着教师的专业发展。

（2）认知能力影响英语教师教学能力的形成和发展

在教学活动中，教师所面对的学生是生动活泼的，是发展的、鲜活的独特个体，因而教学情境错综复杂，课堂信息不断变化，随机事件频频发生，教师也随时面临作出延续或改变当前教学行为的选择和决策。教师在这种复杂、不确定的环境中的决策和行为主要依赖于其认知能力。不同认知水平的教师在面对学生的负性表现（如理解出现困难、注意力分散、扰乱课堂教学秩序的行为等）和其他问题（如时间、教材、学生主动提问等）时，都会作出不同的决策，采取不同的行为。专家型教师具有较高的认知水平，能敏锐地对学生的活动进行观察，对偶发事件进行准确的判断，并及时采取恰当措施，合理地调控教学进程，顺利完成教学目标。

（3）认知水平高的英语教师能为学生营造良好的学习氛围和广阔的发展空间

认知抽象水平较高的教师往往更灵活多变（如在改进教材方面更具智慧），较少惩罚学生。亨特（D. E. Hunt）和乔伊斯（B. R. Joyce）在研究中发现，认知抽象水平高的教师往往更爱思考，他们能以学生为参照系，鼓励学生进行提问和假设。专家型教师的思维通常不是一步一步进行的，而是跳跃的，包括对未知事物想象的推测。此外，高认知水平教师强调尊重学生，强调对学生应采取灵活和宽容的态度，理解学生之间的个别差异，强调促进学生学业和个人成长。可以说，教师的认知能力和水平关系到教师对教育目的、教学任务等方面的理解，也影响教师对特殊学科领域和学习背景的教育可能性的认识。

教师对课堂教学行为的感知、理解、判断和决策取决于教师个人内在的教学知识、理论和信念。而教师的这些个人理论和信念，是十分模糊的。范梅南认为教育的感知力部分来自某种无言的知觉的知识，教师可以从个人经历或者通过观摩某个更有经验的教师的教学获得这种知识。许多依赖于知识和技能的人类活动都包含默契或直觉的综合因素。教育感知力的技能存在于智慧和机智之中，而智慧和机智是我们通过教学实践所获得的。我们认为，教师认知方面的某些品质也许与教师的先天素质有关，而教师认知能力的形成，需要教育教学的理性知识，更需要自己的教学实践经验。因此，如何把优秀教师潜在的、不明确的个人教学知识和观念系统地描述出来，不仅是优秀教师自身专业发展的关键，也为新手教师的成长提供了认知参照框架和发展目标。

3.职业发展动机

职业发展动机是教师在自我调节的作用下，使自身的内在要求与行为的外在诱因相协调，从而激发、维持职业行为的动力因素。从动机的来源上说，动机分为内部动机和外部动机。内部动机的主要特征是对活动本身的注意。布鲁纳认为，内部动机由三种内驱力引起：一是好奇的内驱力，也就是求知欲；二是胜任的内驱力，即好胜心，也是求成欲；三是互惠的内驱力，即人们和睦共处、协作活动的需要。人们对工作本身的兴趣与探索就是一种好奇心所驱使的求知欲。外部动机是指人们参加某种活动的动力不是基于对此活动本身的兴趣，而是由外在的因素所诱发的推动力。

教师职业发展的内部动机和外部动机都对教师产生重要的影响，在教师专业发展中缺一不可。内部动机能使教师的教学工作变成一项令人愉快的活动，教师具有满足感，会对工作感到好奇或被它激励等。

在教师的职业发展动机中，成就动机对教师的专业发展也起着不可低估的作用。教师的成就动机是教师认为自己从事的工作重要且有价值，愿意认真地去完成，并想要达到某种理想境界的一种内在推动力量。美国心理学家阿特金森（J. W. Atkinson）的动机理论认为，有三个因素影响人趋向成功的动机——成就需要、成功的可能性和成功的诱因值。一个教师的成就动机若高于避免失败的动机，即使成功了，他也不会简单地重复同样的事，而是提高其抱负水平，尝试去做一些更为困难的工作；若是失败了，就会降低其抱负水平，即使再容易的工作也不愿意去尝试。高成就动机的教师往往更愿意接受具有一定难度的挑战性的任务，并以旺盛的精力、新颖的方法去创造性地完成任务，而不愿意墨守成规，采取简单的方法去完成任务。那些认为控制力源于外界因素的教师更容易产生职业倦怠。他们通常相信运气、命运，相信外力会对他们产生重要影响。

## （二）外部环境因素

### 1.社会环境因素

社会环境因素是指社会上各种事物，包括社会制度、社会群体、社会交往、道德规范、国家法律、社会舆论、风俗习惯、价值观等多种影响因素。它们的存在和作用是强有力的，影响着人们的态度和行为。这里主要就社会角色期望和社会价值观体系对教师专业发展的影响进行分析。

（1）社会角色期望

社会角色是指由人们的社会地位决定的，表现出符合社会所期望的行为和态度的总模式。社会对任何一种社会职业都赋予了社会期望，教师这个职业也不例外。

教师这一职业具有复杂性，社会赋予的期望也是多样性的，一般来说，教师在学校教育中充当以下角色：①教书育人的角色，即社会期望教师肩负起让学生在德、智、体、美等方面全面发展的责任，教师既要传授知识，更要通过言传身教培养学生的道德品质；②行政管理的角色，即教师要从事大量的班级事务工作和学生管理的工作，教师是学生集体的领导者，课堂纪律的管理者等；③心理辅导的角色，即教师要成为学生学习的鼓励者、促进者，使学生确信教师是他们真诚的、可信赖的指导者，要主动成为学生人际关系的协调者、心理卫生的维护与治疗者；④学者与学习者的角色，即教师要不断学习，从而不断改进教育教学工作；⑤学生家长的代理者，即教师要像家长一样，在管束与要求学生的同时给学生以温暖与关怀；⑥模范公民，即教师要做学生的表率，遵守社会公德和法律法规，为社会做贡献。

社会赋予教师这些社会角色期望，一方面影响了教师的发展，另一方面也给教师带来了一种社会压力，迫使教师通过自身的发展来满足人们的期望。社会角色期望给教师的专业发展指明了方向，也给教师的专业发展带来了压力，极大地影响着教师的专业发展。

（2）社会价值观体系

价值观是人们关于好坏、得失、善恶、美丑等价值的立场、看法、态度和选择。价值观是主体以自身的需要为标准，对外在事物或现象所蕴含的意义的认识和评价，它往往表现为信念、理想、信仰、追求等。复杂多样的价值观进行长期的整合，最终形成了体现一个社会价值理念的价值体系。任何社会的存在和发展，都需要有一定的社会价值体系的支撑。社会的价值体系是一个包括核心价值体系和一般价值体系的完整的、内涵丰富的价值观系统，其构成具有层次性，主要包括伦理价值观、政治价值观、经济价值观等。

社会价值观是由个体的价值观整合而成的，但是社会价值观一旦形成，对每一位社会成员都会产生深刻的影响。积极的价值观对人的行为产生积极影响，消极的社会价值观对人的行为产生消极影响。我国正处于市场经济快速发展时期，市场经济浪潮以教育经济、教育产业等形式，给学校传统教育观念带来了种种冲击，导致社会价值取向倾向于功利主义。这种功利主义价值观往往会严重影响人们对理想的追求，使教师失去自我，倾向于追求利益。

### 2.教育政策

教育政策是国家和政府在一定时期为实现一定的教育目的而制定的有关教育方面的行动准则。教育政策分为以下几种：作为目的、目标的教育政策；作为纲领性决议的教育政策；作为行为举止、行动和利益规范形式的教育政策。就我国教育政策而言，教育政策的表现形式主要包括路线、方针、原则、法律、行政法规、规范性文件及规章等，其中行政法规、规范性文件和规章是我国教育政策体系的主要内容，是直接指导教育工作的具体规范。教育政策渗透到社会和教育活动的各个领域，发挥着指导作用，并深刻影响着教师的专业发展。

（1）教育政策影响教师的生存和发展

教育政策为教师的基本生活、工作和学习提供保障，直接影响教师的生存和发展。教师是实施教育教学活动的主体之一，关系着教育改革的成败、教育质量的高低。教师工资水平是影响教师职业吸引力和教师队伍稳定的直接因素。许多国家和政府制定的有关教师待遇的政策，为教师专业发展提供了基本条件和保障。例如，《中华人民共和国教师法》规定："教师的平均工资水平应当不低于或者高于国家公务员的平均工资水平，并逐步提高。""中小学教师和职业学校教师享受教龄津贴和其他津贴。"然而，受诸多因素的影响，这些政策在实际执行过程中往往出现过程和结果偏离政策目标的不良现象。在我国许多地方的中小学教师实际享受的待遇远低于当地公务员水平。不少地方，尤其是广大农村地区，教育经费紧张，办学条件得不到改善，教师工资不能按时足额发放。这种状况与教师作为专业人员的身份极不相称，降低了人们对教师职业的期待。其直接后果就是，教育系统难以吸引和留住高质量的教师，高学历的优秀人才从教意识淡薄；间接后果表现为教师从教不满意度增加，纠缠于低工资待遇和弱社会地位而缺乏专业发展的计划与心理准备，无法持续学习以提升专业水准。

（2）教育政策对教师的发展予以规范和引导

教育政策是一种规范体系，为教育事业的发展提供了某种标准与规范，并对教师的教育行为进行约束、限定和引导。目前，在许多国家的教育政策中，都有各种规章制度对教师的行为进行规范。例如，教师资格制度是许多国家实行的一种职业资格认定制度。《中华人民共和国教师法》第十条规定："国家实行教师资格制度。"教师资格制度是提高教师素质、促进其专业发展的有效办法。美国卡内基基金会组织编制的《教师专业标准大纲》，是迄今为止最明确的教师专业标准的规范性文件。它强调教师的第一职责在于参与并帮助学生的学习与成长；强调构成教师的教与学的专业性内容及其知识基础，特别是强调知识的生成性理解与知识的综合利用，突出了教师作为"反思性实践者"的角色等。这些对教师的发展具有很强的规范和指导意义。

从作用方式上看，教育政策的引导有直接引导和间接引导之分。直接引导是指教育政策对其调整对象的直接作用。例如，《中华人民共和国教师法》中"国家实行教师资格制度"的规定，对教师应该具备的特定条件和取得教师资格的法定程序提出了明确要求。间接引导是指教育政策对非直接调整对象的影响。例如，提高教师地位和生活待遇的政策，会间接影响人们就业的选择，引导青年学生积极报考师范院校，从而吸引一大批优秀人才从事教育工作。教育政策对教师的引导作用主要表现在以下两个方面。一是为教师的发展提出明确的目标。人的活动是在一定需求的基础上进行的有目的的活动，教师的教育活动更是在一定的目标引导下进行的。明确的目标极大地激发了教师的工作热情和积极性，对推动教育事业的发展，实现教育目的有着重要的意义。二是指导教师行为。教育政策不仅为教师明确了目标和方向，而且通过确定实现目标所必需的行动策略、方法、措施等，指导教师的行为。

（3）教育政策对教师专业发展有激励与促进作用

教育政策对教师专业发展的激励与促进主要通过教师考核制度、教师奖惩制度、职务评审和聘任制度、教师培养培训制度来实现。教师的考核制度是从教师职业道德、专业水平、工作态度和工作业绩等方面对教师进行全面的了解和评价，对教师在教育教学方面取得的业绩给予肯定，并明确努力方向。同时，考核的结果还可以作为教师晋薪、奖励和进修的依据，使考核结果与教师的切身利益密切相关，形成激励和竞争机制，调动教师的工作积极性。总的来说，就是在全面考核教师的基础上，对教师的任职资格进行评审。目前，许多国家的教育政策对各级教师职务的职责、任职条件以及考核和评审办法等都作了具体规定。教师的培养是教师任职前的养成教育或准备教育，包括从普通教育阶段直至高等教育阶段的全部活动；教师培训是教师任职后的再教育活动。两者在教育的对象、体系和目标、内容等方面不尽相同，但都是教师专业发展不可或缺的组成部分。许多国家不仅重视职前培养，而且把在职进修作为教师必须履行的义务，为此还制定了一系列鼓励参加进修的政策，如涨薪、晋级等。教师在职进修是有计划的目标导向活动，其目的是帮助全体教师改进教学。教师继续教育是教师专业发展的必然要求。目前，各个国家和国际组织正在寻求和探索教师培养、培训一体化的教育举措。

### 3.学校管理

学校管理是为实现学校培养人才这一教育目的，根据教育政策和教育规律，对影响学校绩效的各种可利用的校内外资源所进行的计划、组织、指挥等活动。学校管理方式直接影响着教师的专业发展，学校不同的管理方式对激发教师积极性有不同的作用。

（1）专制管理方式

专制管理方式的人性假设是：人生来就不喜欢工作，甚至尽可能逃避工作；员工几乎没有多少雄心大志，宁愿服从管理而不想承担责任。因此，管理者为达到组织目标，在管理过程中甚至需要用惩罚的手段监控、指挥员工。这种管理方式要想激发人们的积极性基本上要用"胡萝卜加大棒"的方法，并强调严密监督下属的必要性和在组织中实行层层控制的必然性。有学者把这种管理方式概括为：特别强调权威，常常运用恐吓、威胁和惩罚，偶尔使用奖励等方法来激励教师；对教师缺乏信任，因而教师很少参与决策，往往把上级决议强加给教师；领导与教师的交往较少，即使交往领导也带有优越感；教师非正式地反对管理者提出的目标。在这种管理方式下，教师在人格上和精神上得不到应有的尊重，工作中始终处于被动的服从地位，缺乏满足感，难以发挥教师的主动性和创造性，难以使教师获得专业发展。

（2）民主管理方式

民主管理方式的人性假设是：人不是天生厌恶工作的，人也不是被动的，而是具有创造性和想象力的；人的行为受动机的支配，最有效的奖励是自我满足和自我实现；只要能创造一定的条件，人们就会努力工作，甚至会自觉履行职责、自行确定方向和自我调控，以取得工作成就、获得奖励。在这种人性假设的基础上，管理者就以引导的方法，调动员工的主动性和积极性，使他们发挥自己的创造能力，既能达到组织的目标，又能实现个人的目的。由于这种管理方式认为个人的极大满足感是在个人完成重要工作中获得的，因而管理者在工作上，注意力集中于确定值得努力的目标；在人际关系上，注意力集中于相互信任、相互尊重上。有学者对这种假设进行实证研究后得出结论，教师能参与决策，通过参与和奖励激发动机；领导与教师之间有广泛的、友好的相互交往；信息横向、纵向沟通；高度的信任；对控制过程普遍负责；学校工作效率较高。民主管理方式可以让教师参与学校的管理与决策，激发教师的工作积极性，提高他们的工作满意度，使教师的智慧和才能得到充分发挥，极大地促进教师的专业发展。

4.学校氛围

学校作为社会大系统中的一个教育组织，创造并维持着一定的校园环境。在这种环境中，人们相互影响，形成一定的氛围。学校氛围是一所学校内部形成的，对其成员的价值观念、态度、信念、道德规范和行为产生潜移默化式影响的心理环境。

学校氛围作为一所学校内部成员共同具有的思想作风、价值观念和行为态度，对每位教师的思想和行为都会产生重要影响。有研究发现，校园中和谐的人际关系，开明、民主、开放的管理氛围，公平、合理、良性的竞争关系，发展性的评估机制，催人奋进的教风、学风等，都有利于发挥教师的教学作用。有学者对此进行了研究，如哈尔平（A. Halpin）和克罗夫特（D. B. Croft）运用调查问卷的方法，通过教师对教师团体和校长的共同看法来研究学校氛围。在开放性的学校氛围里，教师把校长的行为看成是官方的角色和他（或她）的个性特点的一种自然而然的结合。开放性氛围表现在以下方面：校长工作时精力充沛，以身作则，关心教师，处处为教师着想，给教师以合理的指导；并认为没有必要对教师严加管束，但能做到令行禁止，校长与教师、教师与教师之间相互合作，相互尊重；教师士气高昂，工作认真负责，能主动地克服困难和挫折。

学校氛围影响和规范教师的思想和行为，使教师能够理解和接受学校固有的价值观，从而形成教师气质的同一性。一所学校的氛围一旦形成就会保持相对稳定，持续地对教师产生约束力，使教师按照某些方式行事。例如，一位初任教师刚进入学校时，学校环境对他来说是比较陌生的，他的思想、价值观和某些信念及其行为与学校氛围可能有很大不同，但是随着时间的推移，在所处学校氛围的熏陶下，他会逐步被学校的价值观念、思想和工作作风同化，表现出与学校氛围一致的行为和精神风尚。正如巴克（R. G. Barker）从"生态心理学"的角度指出的，环境对激发和形成人在环境中的行为方式有很大影响，其影响之大甚至可以克服组织成员之间许多个体差异，以至于在具体组织中，人们往往表现出相互一致而又与一般人不同的行为方式，甚至人们一看便知他们的行为属于哪些特定的组织。

学校氛围是学校员工共同营造的，具有一定的指向性和目的性，但从其存在形式以及对人产生影响的方式来看它是无意识的。无意识在人的心理认识过程中有着不可忽视的作用，无论对个体探求知识的选择性，对情感的需求和审美判断的价值标准，还是对个体意识控制和调节的能力都会产生巨大影响。学校氛围使生活在其中的每一位教师不知不觉地受到熏陶，进而陶冶其情操，规范其行为。一位初任教师进入教师职业团体后，会逐步认同组织观念，养成集体意识。这种组织观念的认同和集体意识的养成，使教师成员产生强烈的集体责任感和荣誉感，自觉地把个人的思想、感情和行动与团体联系起来，在自己的工作岗位上尽职尽责。因此，一所学校里，全体教师的精神状态和文化素养，经过长期的积累和相互感染，往往表现为这所学校教师所特有的共同气质。

良好的学校氛围为教师提供富有挑战性的工作机会，能够激励教师不断发展、持续成长。人的行为必须从人与环境的相互作用的角度来加以考察。理解人的行为就需要我们考虑行为发生的整个环境。个人在组织背景中的行为不仅是个人的个性特征所决定的，还会受到个人所处的整体环境的影响。默里（H. A. Murray）认为，环境压力是内化的个性需要的外在情境的对应物。在他看来，内驱力大致相当于导致适当行为的环境压力。内驱力形成人的个性，而个性是内外需要之间相互作用的结果。什么样的学校氛围能够激励教师的发展和成长？氛围良好的学校是具有革新能力的学校，其特点主要表现在以下方面：学校成员能够理解和接受学校目标，在现有条件下能够努力实现目标；学校整个系统内和环境中能够实现纵向、横向的沟通；最佳的权力分配方式是上下级合作而不是相互压制；鼓励教师参与政策制定，支持和信任教师工作；在工作中，学校成员有成就感，能够自觉地发展和成长；组织成员具有凝聚力，每个成员都被组织所吸引，喜爱组织并希望留在组织中；组织中成员士气高昂，表现出幸福感和满足感；组织能够制定新的目标，不断持续发展；当外部环境发生变化时，组织具有自主适应能力，能够自行进行调整，并与外在要求协调一致。学校通过教育革新，为教师提供有意义的、有挑战性的工作，激发教师认知、智力和社交、情感需要的潜在力量，充分发挥教师的主动性和创造性，使教师为自我实现而努力。

### 5.教师文化

沙因（E. H. Schein）认为，文化是更深层的为组织成员所共享的基本假设和观念，它无意识地发生作用，并以一种被人们视为理所当然的方式规定着组织对自身及其环境的认识。因此，文化对于个体的存在具有强制性。教师文化是指在学校教师群体内形成的独特的价值观、共同的思想、作风和行为准则、规范等。它是学校文化的一种亚文化，也是教师专业发展的"小环境""小气候"。根据哈格里夫斯（A. Hargreaves）的观点，教师文化可以分为文化的内容和文化的形式两个方面。教师文化的内容是指在一个特定的教师团体内，或者在更加广泛的教师社区之间，各成员共享的实质性的态度、价值、信念、假设和处事方式。分享和共识，是教师文化内容观的基本元素。教师文化的形式是指在该文化范畴内的成员之间，具有典型意义的相互关系的类型和联系方式。

教师文化的形式表现为教师之间某种特定的联系方式。这些教师文化方式不仅将教师文化的不同内容表现出来，而且能使教师内容不断再生产。换言之，教师团体信念、价值观和态度的变化，取决于教师关系类型和联系方式的变化。教师文化虽然受到外部社会因素的影响，但它是学校内部教师进行文化选择的结果。教师文化是隐性的、无形的，对学校全体教师的发展具有导向作用、规范作用、凝聚作用、激励作用、创新作用、辐射作用和共同发展作用。

当前，教师文化中出现的一些问题影响着教师的专业发展。部分教师群体观念守旧，对自身的发展和学校的前景都没有太大的期望，一些教师不思进取，对时代发展和变革反应迟缓，教师群体整体气氛沉闷。在一些学校，教师间缺乏合作意识或一味地盲从上级领导，缺乏独立思考与创造性。

现代教师文化要体现出教师合作的开放性，提倡自然合作的教师文化。教师按照某种合作方式，在互动中获得彼此支持，达到促进教师共同发展的目的，教师专业发展的理想是群体共生的发展，教师个体可以实现专业发展，但当其发展到一定程度，就会出现"高原"现象。此时，只有教师在合作中学习，在学习中合作，在合作中探索，在合作中共同成长，一起面对和接受挑战，教师的专业发展才不会受到自身的限制。自然合作的内涵如下。①自发的。合作可能来自日程安排等行政措施，但从根本上讲，它主要依赖教师自身。教师之间的合作源于其本身的需要。②自愿的。合作不是行政限制和强迫的产物，而是教师共同价值信念的必然产物，这些共同价值观念来自教师的过往经验。③发展取向的。教师自主地从事各种革新，或实施自己信奉的并受到外界支持的或规定的革新，更多的是自主建立合作的目标和任务，而不是贯彻执行他人的目标。⑨超越时空性。由于自然合作是自发的、自愿的，所以它并不局限于某一活动或某一时间，在正规的和非正规的各种工作任务和日常生活中，都是自然而然地产生的。

总之，自然合作文化是经过人为合作文化阶段后更高级的合作文化，是在日常教学中的教师自发形成的自然而然的合作，是教师最理想的合作状态。教师的合作对象很多，可以是自己的同事，也可以是学校领导、学生以及学生家长、社区工作人员等。教师的主动合作，能不断促进不同文化的交融。

## 五、教育新常态下英语教师专业化发展的路径

基于上述论述，笔者尝试从教师认知、教师知识、教师能力、教师情感等维度探索英语教师专业化发展的路径。

### （一）对接教育新常态，建构基于融合理念的教师认知

所谓教师认知，即教师关于教学、学生与内容的自我反思，以及课堂教学中普遍存在的问题解决策略意识。在不同的教学环境中，针对不同的教学对象，要达到不同的教学目的和效果，教师要构建新的认知体系。教师认知是教师行为背后的驱动力，教师对教学各因素的认知直接影响教师的知觉、判断和决策，支配着教师的教学行为和专业发展，进而在提高教学质量和推行教学改革等方面产生重要影响。从以上定义可知，教师认知包括知识、信念、思维等，具有语境化、实践性、复杂性等特点，且随着个体经验的积累、教育背景的变化而变化。

在新文科、课程思政的新常态背景下，英语教师无论是在知识建构、教师信念还是思维方面，均应具有融合思维。例如，传统上我们在英语教学中多采用读、写、听、说相互结合的教学方法，而在新常态下，融合意味着教师须面对培养具有家国情怀、国际视野、跨文化沟通能力和全球治理能力强的英语人

才这一目标，面对传承中华优秀文化、讲述中国故事等课程内容，面对新技术应用能力较弱等问题。

因此，教师必须坚持以问题为导向，融合课程目标、课程内容、课程教学与课程评估等，从而实现有效教学。当然，教师发展、教学实践与教师研究亦应有机融合，教师也可以通过自我反思、日志、观察、焦点访谈等方法，就教师的认知进行研究。

从整体发展脉络看，教师认知研究大体包括三个方面的内容：教师决策、教师知识和教师信念。此类研究主要探索教师对教学的态度和观点，以及对教学相关因素和问题的认识和思考。英语教育新常态下的教师认知研究应密切结合线上教学，关注新文科和课程思政，且研究成果应反哺教学，促进教师专业化发展，提高人才培养质量。

## （二）面对新文科战略，丰富问题导向式跨学科或超学科知识

在新文科背景下，跨学科发展和交叉融合是新文科发展的必由之路。跨学科强调学科的交叉，如可以跨学科研究语言在大脑中的功能区位。而超学科一般基于实际问题，协调不同学科视角分析并解决问题，注重学科的融合，如开发人工智能翻译机等以解决翻译问题。诚如蒋逸民所言，超学科的动力源自对学术研究实际应用的需求，以及对新知识的追求。

新文科是文科内涵与外延的拓展，既有文科的新专业和新方向，也有对文科专业的新要求。就英语专业而言，一是在拓展传统战略语言的基础上，设置新专业或者新方向，如语言学、语言智能、应急语言服务等；二是突破传统研究范式，不仅要在学科内精耕细作，也要注重跨一级学科的交叉融合，与经济学、哲学、历史学、数学、政治学、管理学、医学等交叉融合、协同共享；三是针对新时代对"一精多会、一专多能"人才的需求，结合新技术，优化创新教学模式，培养复合型、创新型、国际化英语人才。因此，英语教师应基于英语本体或者教育教学问题，丰富自己的跨学科与超学科知识，立足本土化研究，

提升国际学术话语权与人才培养质量。

英语教师不仅要面向国家和社会的人才需求，围绕学校的人才目标定位，明确相应教育环境，还要了解课程内容，明确教什么。同时，英语教师还要掌握相应的教学方法，知道如何教，并且要针对学生的个体差异，掌握个性化评价的相关知识。

尤其在新文科背景下，英语教师不能局限于语言、文学、翻译等本体知识，也不能仅掌握教育教学知识，还要树立终身学习和探究学习理念，了解区域和国别知识、信息素养知识、跨学科领域知识等，并学会在教育教学实践中实际应用此类知识。当然，不同类型院校、教授不同课程的英语教师，其知识建构侧重点不同，有的注重文理结合，有的强调文工结合，有的尝试文医结合，这也符合教师的个性化发展需求。

## （三）强化课程思政建设，提高社会主义核心价值观融入式课程设计能力

课程思政是完善"三全育人"，解决培养什么人、怎样培养人、为谁培养人等根本问题的有效途径。在这一过程中，要正确认识和处理好几个关系：一是知识传授与价值引领的关系；二是显性课堂与隐性课堂的关系；三是思想政治主导性和知识丰富多样性的关系。

就英语教育而言，无论是语言技能的提升、跨文化能力的培养，还是区域、国别知识的拓展，全球治理能力的提升都可以通过显性或者隐性课程来实现，因此教师要加强自身品德修养，发展课程设计能力，特别是要有将社会主义核心价值观有机融入课程的能力。诚如陈翔所言，课程思政供给侧结构性改革是指从人才培养的供给端进行以立德树人为核心目标的改革，包括德育目标的确定、教学内容的优化、教学方法的选择、评价体系的重构和教师自身品德修养五个方面。

首先，要明确课程设计的内涵。课程设计是课程所采用的一种特定的组织

方式，主要涉及课程目标以及课程内容的选择与组织。换句话说，课程设计就是不同课程相互组合的方式，包括授课的原因和目的，为实现目标而教授的内容，如何与目标学习经验取得联系的方式，所实现内容以及采取的与教学项目、学习者、教师相关的行动。由此可见，课程设计包括教学目标、教学内容、教学方式、教学评估以及教情、学情分析等。

其次，要掌握相关经典课程设计模式及其演进趋势。英语教师在进行课程设计时，要参考相关课程设计理论和原则，针对教学目标中社会主义核心价值观有机融入这一目标，既要考虑外部教育环境、教育资源、相关教育政策等，也要考虑课程目标，关注教学风格、教学策略、学习体验、教学评估等要素，还要注意课程内容的动态调整，不断优化课程设计。

最后，英语教师可通过课程建设、教学资源库打造、培训实践等不断提升自身的课程设计能力。目前，各学校都在课程思政方面进行积极探索，有效地推动了英语教师的专业发展。例如，上海外国语大学通过打造多语课程思政群，建设跨学科思政教学团队，促进教师专业化发展；大连理工大学注重建设英语课程思政资源库，不断推出示范课程，加强建设课程思政教师队伍；等等。

## （四）倡导线上线下融合，打造基于情感认同和 TPCK 的师生共同体

尹弘飚和李子健认为，教师的真正改变包含三个维度：教材的改变，即教师使用新的、修正过的教材；教师行为的改变，即教师使用新教学方式和策略，改变教学实践；教师心理的改变，即教师认知、情感方面的心理变化。英语学界积极倡导线上线下教学融合，打造基于情感认同和 TPCK 英语师生共同体，这就需要教师从教学理念、教学资源、教学方式、情感等方面进行变革，以适应教学模式的改革。

相比而言，青年教师往往容易接受新技术、新内容、新模式，而部分老教师通常要经历由排斥逐步转为接受、参与、共享的过程。因此，学校有必要采

取相应举措以引导教师（特别是中老年教师）认同在线教学。

在情感认同的基础上，为应对在线教学的挑战，笔者认为，一方面，教师需逐步建构 TPCK。TPCK 这一理念最早是由美国学者科勒（M. J. Koehler）和米什拉（P. Mishra）于 2005 年提出的，包含技术知识、内容知识和教学法知识，其中技术知识主要涉及对技术的掌握等问题，而这些技术用于信息加工、交际与问题解决等方面。有学者将从 PCK（pedagogical content knowledge）到 TPCK 的过程看作一个认知的、发展的过程，经历认知、接受、适应、探索及推进五个阶段。而这一过程需要教师在认知的基础上，逐步接受各类线上教学平台、直播平台、录播、测试软件、虚拟仿真实验平台等，同时结合教学目标和测试目标，调整优化相关教学资源与教学方式，探索师生共同适应的教学平台和教学方式，从而提升 TPCK 水平。

另一方面，英语教师可以围绕课程和教学目标，与学生建构共同体，共享教学和学习目标及资源，加强互动交流，并在教学实践中拓展知识，促进跨文化沟通和创新思维培养，从而获得师生个人和群体发展。目前，智慧树、爱课程等提供了丰富的慕课资源，而网络学习共同体逐步成为师生学习的重要平台，教学平台中的作业区、讨论区、微信群使师生学术交流更加便捷高效；腾讯会议、Zoom 会议、哔哩哔哩、钉钉直播等为教师参加学术讲座、学术会议等提供了可能性。

当然，如何使知识点模块化、系统化，如何在线上建课、评课、运行课程，如何通过作业区、讨论区、过程监控等平台数据跟踪记录并智能分析学生的学情（如学习数据、互动数据、测评考核数据等），生成学生的形成性评价报告，了解学生的学习进度、学习时间、学习质量、学习态度等，探究学习规律，预测未来学习结果等还需要进一步探讨。

教师发展往往离不开四大领域：个人领域（教师个人的知识、信念、态度等）、实践领域（教师进行的专业实践）、结果领域（与教师实践相关的显著结果）和外部领域（外在激励、支持等），任何一个领域的改变都要借助反思或实践的中介作用与其他领域发生联系。在英语教育新常态的背景下，教师专业化发展无论是在个人领域、实践领域，还是结果领域、外部领域均在发生变革。笔者在阐释教师专业化发展内涵的基础上探索了相应路径，今后将对接英语人才培养需求，结合具体课程、年级、学习者等进行实证研究。

# 第三章　学习共同体与英语教师
# 专业化发展

教师学习共同体作为学习型组织，是教师专业化发展的重要途径，正受到越来越多人的关注。

教师学习共同体以教师自愿为前提，以分享、合作为核心精神，以共同愿景为纽带，将具有不同个性和专长的教师联结在一起，促进其互相交流、互相学习，从而实现共同进步。

## 第一节　教师学习共同体的基本知识

### 一、共同体

共同体在不同的领域可以有不同的解释。例如，在网络领域，共同体就是一个字符串，作为管理进程和代理进程之间的明文口令，常用的是 6 个字符"public"。在社会领域，共同体是指社会中存在的基于主观上和客观上的共同特征而组成的各种层次的团体、组织。这种团体或组织可大可小，既包括小规模的社区自发组织，也可指更高层次上的政治组织，还可指国家和民族这一最高层次的总体。共同体得以构成的共同特征则包括种族、观念、地位、身份、遭遇、任务等。

此外，对共同体的概念进行纵向分析不难发现，其内涵与外延始终都处在动态的变化中。因此，对于共同体，目前并没有形成一个统一的概念，也没有一个非常明确的解释。不同的人在解读共同体时总是自觉或不自觉地掺杂个人的主观成分。

例如，一些观点认为，社会上的每一个个体都能决定其自身共同体的构成形式，如可基于邻里关系、民族群体以及工作同事等形成共同体。并且一个人可以同时属于多个共同体。但是，每个人对这些共同体的依附程度可能存在一些不同，这样一来，也就使得人们对共同体概念的理解更加复杂。

共同体的英文对应词是community，而该英文单词也有多种译法，如社群、社区以及共同体。德国著名的社会学家滕尼斯（F. Tonnies）在他所著的《共同体与社会》中第一次提出了"共同体"这一概念。在书中，滕尼斯对两种比较常见的社会生活群体community与society进行了明确的区分。

滕尼斯认为，community具体指同质的、自然形成的共同体，如家族、村庄和家庭；society具体指随后形成的共同体，属于有目的的联合体。在滕尼斯看来，共同体是建立在相关人员本能的习惯制约或者共同记忆基础上的。与之相反，社会的产生是由于诸多个人思想以及行为有目的、有计划地协调，诸多个体为了实现其共同的、特定的目的而聚合在一起。与共同体类似，社会其实也是一种人的群体。这些群体中的人以和平的方式生活和居住在一起，但是，他们的这种共处不是结合在一起的，而是基本上处于分离的状态。

萨乔万尼（T. J. Sergiovanni）认为，社会往往会受理性的引导，是建立在规则的基础之上的。但是，共同体属于共享的观念和价值，是建立在规范基础之上的。换句话说，共同体属于自然社会，它是以血缘、地缘和地理等因素为基础的，但是社会属于人为的联合，是以分工和合作、理性与规则为基础的。

步入现代社会以后，伴随着都市化、工业化以及人员流动等的加剧，滕尼斯所谓的自然的、同质的、原始的共同体开始逐渐走向衰落。正如杜尔凯姆（E. Durkheim）所说的那样，异质的、强调分工与合作的、团结起来的"有机关联"

（社会）得到了迅速的发展，并将"机械关联"（共同体）取代了。这种利益强化的、理性驱动的，建立在情绪、情感以及传统习惯基础上的共同体开始慢慢地被利益驱动和理性主导的社会所取代。韦伯（M. Weber）认为，"本质意志"被"选择意志"所取代已经成为社会发展的大势所趋。

## 二、学习共同体

学习共同体的概念是以共同体为基础形成的，它是指在班级教育活动中，以共同愿景、价值和情感为基础，以真实任务为核心，师生、生生之间持续的、深层的合作和互动，共同成长、共同进步的学习组织与精神追求。这一界定不仅将学习共同体看作一种组织与实体，还将其看作一种意识和精神。

我国学者卢强还从课堂教学的视角对学习共同体的内涵进行了重新审视，并从有形场和无形场这两个层面建构了学习共同体。具体如图 3-1 所示。

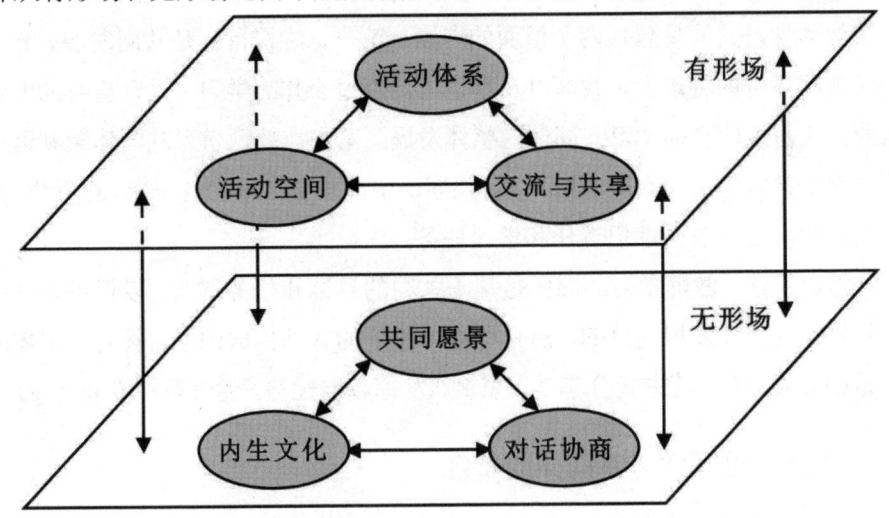

图 3-1　课堂教学视域下的学习共同体概念模型

# 三、教师学习共同体

教师学习共同体就是自发组织的互相促进、共同发展的学习型教师团队，以提升教师专业能力与促进教师专业化发展作为行动指南，探索、研究各种自主学习模式，注重学习共同体内教师之间的经验交流。由此可见，教师学习共同体是个人实现专业化发展的重要阵地。

根据不同的分类标准，教师专业学习共同体可以分为不同的类型。事实上，大多数的教师专业学习共同体可能是属于两个甚至多个类型，这表明教师专业学习共同体需要满足更多的要求。根据教师学习共同体依靠的平台，教师学习共同体分为线下和线上两种类型。根据教师专业学习共同体中教师的专业或者学科，教师学习共同体分为同学科的教师学习共同体与跨学科的教师学习共同体。根据教师学习共同体研究的问题，教师学习共同体分为基础型教师学习共同体、专业型教师学习共同体与研究型教师学习共同体。

教师学习共同体包括两个层面的内涵。第一，终极目标是共同发展。专业学习共同体中的管理者、教师以及其他成员通过合作、学习，提升自身的专业素养，从而推动教师学习共同体的整体发展。第二，教师学习共同体顺利运行的关键是共同学习与合作。教师学习共同体中的成员之间相互平等、相互学习、相互支撑，并且共同承担责任和学习任务。

综上所述，教师学习共同体是基于共同的目标和任务需要，以促进共同体内部教师的职业发展为目的，由具有共同愿景的教师构成的学习团体。团体成员通过交流、协作等方式分享学习资源，发挥各自优势，促进教师专业化发展。

## （一）教师学习共同体的特征

### 1.复杂性

教师学习共同体不是一个由个体简单相加的集合，而是具有差异性的个体组成的团体。组织内各个体之间以及组织与外界之间，在信息、能量和物质等方面需要进行充分的交换，不能有任何限制；组织和各要素常处于一种非平衡态；组织内各要素相互作用的关系是非线性的制衡关系，而不是从上到下的线性制约关系；组织内存在客观的、随机的机遇和机会，这些机会和机遇有助于组织的生存和发展。

**2.开放性**

作为一种学习型组织，教师学习共同体具有开放性。这意味着共同体成员可以共享学习资源，在人际关系上是平等合作、和谐开放的。在心智模式上是先内观吾身，反思自己的思想方法和思维方式正确与否，且能有效表达自己的观点和思想，进行开放性的对话与交流，而后开放容纳别人的想法。

**3.共生性**

共同体成员具有强烈的责任意识和大局观，以成为该共同体成员为荣，对共同体有较强的认同感和归属感，成员之间平等相待、相互尊重理解，形成相互支持、依赖共生的成员关系。大家共处同一空间，共同学习交流、畅所欲言、共同成长。

**4.主体性**

教师学习共同体在各方面均尊重成员的差异，强调个体的参与。在充分尊重和理解个体愿景的基础上，积极探讨全体成员拥护的共同目标、价值观和使命感，从而激发个体努力学习、追求卓越。在团队学习和讨论中，每个成员深入参与，充分体现成员人格的平等，参与机会的平等，以及参与的自愿性和行为的自主性。

## （二）教师学习共同体的类型

### 1.校内教师学习共同体

按照校内教师学习共同体的不同存在形式，可以将其划分为年级组教师学习共同体、教研组教师学习共同体和跨教研组教师学习共同体三种类型。

（1）年级组教师学习共同体

年级组教师学习共同体是指由学校同一年级、不同学科的教师共同组成的学习团体。该共同体的目的是更好地解决教育教学实践过程中出现的问题，同一年级不同学科的教师坐在一起交流、讨论，兼顾不同学科的教学情况，找出解决问题的最佳方式。年级组教师学习共同体的优势就是解决教育教学问题的思路更为广泛，能够针对某一年级学生的共同特点找出有针对性的解决方法。

（2）教研组教师学习共同体

教研组教师学习共同体是指以更好地研究和解决教育教学中存在的实际问题为目的，由学校内部某一教研组的教师组成的学习团体，以实现不同年级学科教师的优势互补。同教研组成员以课堂教学实践过程中出现的问题为前提，组织教研活动展开研讨，并通过公开讲课、说课与评课，增强共识，发现并解决问题，及时调整教学方法，改进自己的教学策略。

此外，还可以通过组织教研组集体备课的形式进行交流探讨。集体备课是提高备课与讲课质量的一种有效方式，其优势在于能使教研组教师发挥集体的力量，就某一教学问题进行探讨，以实现问题的有效解决。

（3）跨教研组教师学习共同体

跨教研组教师学习共同体指的是由不同年级、不同教研组的教师组成的学习团体，是校内教师学习共同体最常见的一种形式，其优势在于最大限度地整合学校的教育资源，促进教师的专业发展，提高教师的课堂教学质量。

跨教研组教师学习共同体淡化了年级和教研组的界限，所讨论的问题更为广泛，小到教师的教学实践，大到学校管理策略的制定等。教师可以就教学问题和学校的某项政策交流意见，从不同的角度提出自己的观点。这种形式可以获得更广泛的意见，对学校来说，可以更好地制定出符合学校教学实际的政策；对教师来说，听取多方的建议有利于从多个角度审视自身的教学方式，不断提高教学能力。

### 2.校际教师学习共同体的专业合作

校际教师学习共同体是指本校教师与其他中小学或者大学的教师或学者合作组成的共同体。校际教师学习共同体引入了中小学外部的力量，主要有专家引领的教师学习共同体、基于合作项目的教师学习共同体和教师专业发展学校三种类型。

（1）专家引领的教师学习共同体

专家引领的教师学习共同体是由学术教授、课程专家、教学专家、一线特级教师、优秀教师等共同组成的团体。在教师学习共同体中，专家起着重要的引领作用，他们根据一线教师的教学实际和客观需要，基于教师专业成长和发展，在理念和行动上进行特殊的专家建议和专业指导。专家在指导一线教师专业成长和发展的同时，也从一线教师的教学实践及出现的教学问题中获得素材，丰富自己的研究资料，提高研究的应用效率。在专家引领的教师学习共同体中，教育专家的引领和指导是主要手段。教育专家通过与一线教师的沟通、交流、互动，与教师相互影响，共同进步。

当前，我国很多学校采用专家引领的教师学习共同体的模式，一些学校会主动邀请各类教育专家为本校教师作学术报告或进行专题讲座，聘请专家指导本校教师解决在实际教学过程中出现的问题，督促其专业成长和发展，引领教师学习共同体的健康和可持续发展。

（2）基于合作项目的教师学习共同体

基于合作项目的教师学习共同体是以项目合作为主要内容的共同体。这种教师学习共同体是由项目专家牵头，根据各项教育内涵发展项目的需求，选择部分高校、中小学和幼儿园的教师，调动他们参与项目的积极性。基于合作项目的教师学习共同体是从合作项目的需要出发，由项目专家领导相关教师共同进行项目研究。

基于合作项目的教师学习共同体是由项目专家来主持，在一定原则的指导下根据项目研究的需要，选择若干所样本学校作为项目基地，以样本学校作为项目核心来开展项目合作，有序地推进项目计划的实施。

基于合作项目的教师学习共同体既有利于项目专家工作的顺利完成，又有利于项目合作学校的教育教学改革及其教师的专业成长和发展。基于合作项目的教师学习共同体在我国也是较为常见的，比如师范院校的项目专家（目前绝大多数科研项目都是集中在高校或研究所）基于某种教育课题项目研究考虑，依据研究所需及样本学校的实际状况，选取一些典型的中小学作为项目基地，通过项目组与中小学的合作，对样本学校的教学实践进行跟踪和现场分析，从中找出与课题项目相关的原始素材。这种方式既可以顺利完成专家的合作项目，深化研究的水平，也有利于理论联系实际，促进中小学教师的专业发展，同时对项目学校的发展也起到了积极的作用。

（3）教师专业发展学校

教师专业发展学校是校际教师学习共同体的一种类型，也是中小学与大学进行合作的一种新形式。教师专业发展学校的主要任务是培养候选教师、促进教师发展、探究改善教学和促进学生学习的方法。它是一个为完成既定目标而重新设计、重新组合的真实的学校。

教师专业发展学校是 20 世纪 80 年代中期以来，在教师专业化运动中出现的一种新的办学模式，是大学的教育学院与附近学区的中小学教师合作，以促进教师专业化发展的公立学校。

教师专业发展学校作为教师学习共同体的一种形式，和前面提到的两种形式是不同的。首先，中小学只是大学的一个合作院校，不是实验基地，它不受大学的领导，所以中小学教师、管理者与大学教授在地位上是完全平等的，都是研究者。参与研究的教师自己发现问题，通过研究，找出问题的解决策略，还要在实践中检验策略的准确性。其次，教师专业发展学校的成员不仅包括大学的教师、教授和中小学教师、管理者，同时也包括在校大学生和学生家长，参与人员的范围扩大了，突出了家长参与学校事务管理的重要性，同时，学校获得的意见来源也更加广泛。最后，教师专业发展学校更正式，它要有自身的行政管理机构，有管理者、协调者和其他工作人员，有它自身运行的组织原则和要求等。

教师专业发展学校既丰富了一线教师的理论知识，同时也是一个检验理论研究的实践平台。中小学一线教师可以使实际的课堂教学情况与教育理论相结合，发现自身的不足，找出解决策略，培养自身的研究意识和反思能力。大学教师可以通过教师专业发展学校积累教学素材，拓展理论研究的深度。

### （三）教师学习共同体的功能

#### 1.社会强化

教师学习共同体是培养教师职业归属感的组织。在教师学习共同体内部，基于共同兴趣和爱好，在内部成员的互动合作学习过程中，表现出较为一致的社会价值取向。学习共同体成员的组织归属感的培养有利于强化教师的社会组织意识，有利于一定社会价值取向下教师职业的健康发展。

#### 2.信息交流

教师学习共同体要实现良性互动，成员间的信息交流不可或缺。在沟通交流中，教师可以接触多种信息，了解其他成员理解问题的不同角度，而这又会促使他们进一步反思自己的想法，完善自己的思路。同时，学习共同体内部的信息交流丰富了教师个体的信息来源，增加了信息量。

# 第二节 英语教师学习共同体构建的
# 指导思想和机制

## 一、英语教师学习共同体构建的指导思想

英语教师学习共同体构建的指导思想主要体现在以下两个方面。

### （一）要能促进学校的可持续发展

可持续发展作为科学发展观的基本要求之一，其概念最早可以追溯到1980年国际自然保护同盟的《世界自然资源保护大纲》。大纲明确指出，必须研究自然的、社会的、生态的、经济的以及利用自然资源过程中的基本关系，以确保全球的可持续发展。此后，可持续发展逐步成为关于自然、科学技术、经济、社会协调发展的重要理论和战略。现如今，可持续发展已经成为社会关注的重点。社会的可持续发展与社会内部不同要素之间的发展是息息相关的。

教育作为社会的重要因素，其可持续发展也得到了越来越多人的关注。从一定意义上说，教育的可持续发展问题是社会结构优化的重要影响因素，促进了政治民主化和经济发展的可持续化。学校是进行教育的主要场所，学校的发展水平在一定程度上对教育事业有着直接的影响。因此，要想讨论教学的可持续发展问题，必然离不开对学校自身可持续发展问题的关注，建立英语教师学习共同体对学校的可持续发展起着重要的作用。

学校的可持续发展大致包括两个层面，第一是学校内涵的可持续发展，第二是学校的外延的可持续发展。其中，学校内涵的可持续发展是学校可持续发展需要重点关注的内容。具体来说，其主要包括以下几个方面。

①形成学校发展的目标。

②重视学校教育科研。

③建立良好的运行机制。

④进行课堂教学改革。

## （二）要能提升英语教师的教学智慧

如何更好地改善课堂教学、提高教学质量、促进教育领域的整体变革，是如今教育研究者和教师群体共同关注的重要问题。可以说，课堂教学活动的改革对英语课程教学的整体改革具有关键性的影响。

课堂教学是实现英语教学的主要途径，课堂是进行英语教学的主要场所，在课堂教学中，教师起着重要的指导作用，没有了教师，课堂教学就无从谈起。正因为如此，进行英语教学改革就需要关注教师素质，要努力使英语教师的教育智慧得到整体提升。提升英语教师的教育智慧需要教育工作者从教育的各个层面内化教师的培养，不断提升教师的教学水平。

具体来说，教师的教育智慧是在教学实践中体现出来的，如教学方法的选用、教学活动的设计、教学项目的安排等。这种教育智慧是教师能力与素质综合作用的结果，需要教师将自身智慧与教学问题进行有机整合，并对自身的教学实践进行总结与反思。

教师的教育智慧体现出了教师的多种素质：

①教师的教育智慧是教师知识素养的反映；

②教师的教育智慧是教师教育机智的展现；

③教师的教育智慧是教师价值观的体现；

④教师的教育智慧是教师教学风格的体现。

培育智慧型的英语教师也是进行英语教师学习共同体建构的重要指导思想。智慧型英语教师的培养是提升教师内在素质与行为修养的内在要求。通过英语教师学习共同体的建构，英语教师的知识结构会得到一定的优化，其教育智慧也会得到提升，自然其职业素养也会得到升华。

## 二、英语教师学习共同体构建的机制

构建机制是成功构建英语教师学习共同体的重要保障。概括来说，英语教师学习共同体的构建应坚持关键机制、保障机制、协同控制机制与运行激励机制。这里主要对关键机制和运行激励机制进行详细介绍。

### （一）英语教师学习共同体构建的关键机制

英语教师学习共同体构建的关键机制主要体现在以下几个方面。

#### 1.培养基石：创生文化

当今时代是一个各个领域都不断向前发展、快速推进的时代，更是一个创新的时代。在这样的时代背景下，不思变革只能遭到时代的抛弃。

在教学领域，教学哲学观已由原来的"选择与淘汰"观变为现在的"培养与发展"观。新的教学范式旨在通过一种新型的学习文化的创造来实现所有人的发展。学习既是一种认知实践，又是一种社会交往实践，还是一种自我反思实践，因此学习是多种实践的复合体。所以，学习成为真实社会环境中的某一社会性活动方式。学习者只有得到特定文化与社会资源的支持以及他人的协作与帮助，才能进行真正有效的学习。在这样的基础上，有意义的认知建构才能实现，学习者也才能获得更好的发展与社会身份的认同。换句话说，真正的学习是一种社会性的意义建构，是存在于社会之中的，而并不仅仅是一种个人行为。

一种新型学习文化的创生离不开冒险和勇于尝试的勇气，也离不开教师队伍对传统的教学方式的反思。要想使文化生态型学习共同体得到可持续发展，教师就必须付出努力。

实践证明，单纯、零散的新思想、新观念不能真正解决本质性问题。要想使学校教师的学习方式发生真正的改变，并形成真正意义上的教师学习共同体，就必须使学校的文化发生根本性的改变。

一个清晰而明了的学习愿景可以有效调动人们的积极性，并将他们的动力与热情激发出来。一旦群体中某位成员的个人愿景获得所有成员的认同，并将其当作共同体的共同愿景时，共同体内部成员之间就形成了一种共同体意识和荣辱与共的凝聚力。

共同体意识的强弱决定了共同体发展的长远与否，因为责任感、承诺、忠实等这些共同体意识影响着共同体成员们的学习动机和努力程度。共同体意识越强，共同体成员对共同体成就的满意度就会越高，与共同体成员间的合作程度就越高，对共同体目标的认同度就越高，共同体成员间的信息交流就会越深入和充分。所以，一个能够真正承担起责任和义务的学习共同体，是学校变革的目标和追求。

在学习共同体中，共同体内部成员围绕共同追求的价值观念相互切磋、协商，在此过程中，一种浓厚的归属感也自然而然地建立起来。建立在认同基础上的学习共同体使得学习由个人行为演变为集体行为。共同体中的每个成员都坚信，他们是与有着同样观的人共同创造他们的社会生活的。因此，要想获得真正的成功，首先要确保其他人在学习上的成功。一旦共同体关系形成，教师群体成员会更多地关注他们共同享有的义务和责任，从而使教师学习共同体成为一个高效率的组织。

## 2.动力源泉：赋予权利

当某一群体的成员拥有共同愿景时，学习共同体就形成了。在一个真正的学习共同体内部，所有的成员个体都是学习的主体，都处于学习的状态。在这个共同体内，每一个成员都有足够的动机去创建学习共同体，并乐于贡献自己的一份力量。因此，每位成员都应被赋予权利，这是英语教师学习共同体有效构建的动力源泉。

压力伴随着动力，权利意味着责任。只有对每一位成员进行授权，个体才会产生相应的责任感，自觉承担其对自己、他人以及集体的责任。在对共同体成员进行授权时，需要注意把握以下几个方面的问题。

（1）明确共同体的学习目标与任务

目标与任务只有得到共同体所有成员的认可，才能成为共同体发展的灯塔，成为团结共同体成员的凝聚力，使每一位成员在今后的学习活动中都能够惺惺相惜，从而为了共同的目标与任务而建立起一种相互依赖的关系。简单来说，有了目标和任务，成员在想问题、做事情的时候就能用"我们"来代替"我"。

（2）在共同体内部进行角色选择

为完成共同的任务，每位成员都要承担一定的职责。因为每位成员都是学习共同体内部的主体，成员之间要相互尊重主体身份，通过各自体悟与智慧的分享来生成新的理解以及成员间的共同智慧。

（3）强调共同体中的个人责任和共享原则

作为学习的主体，共同体中的每位成员所享有的权利与应负的责任是对等的。每个共同体成员都是共同体的一个重要组成部分，他们的专长既是共同体不可或缺的，又不能代表整个共同体。这就要求共同体成员之间应进行明确的分工，使他们在交流过程中分享知识，进而寻求解决问题的方法。

（4）成员之间要懂得相互尊重

成员之间互相尊重是学习共同体成长的必要条件。每位成员都有自己的性格特点，有不同于他人的独特优势，共同体所有成员对于这种客观差异要给予充分的尊重。不仅如此，共同体的成员既要尊重自己的贡献，也要尊重其他成员的贡献。具体来说，在生态学习观下，知识并非集中的，而是分布的，成员个体作为不同知识的传播者，都能够为共同体的发展贡献一份力量。共同体中的每位成员不仅是共事的同事，更是学习的伙伴。他们之间不仅能进行情感上的交流，还能在不断的交往、合作过程中建立起深厚的友谊，可以说既是知己也是良师益友。因此，学习共同体内部的成员之间要相互尊重，只有这样，才能形成真正的教师学习共同体意识，才能生成自主发展的真正的教师学习共同体。

### 3.自动生成：协商对话

从本质上来看，教师学习共同体是一个对话共同体，它强调交互、包容、开放与平等。教师学习共同体还倡导自我调节、自我组织，重视自我意识，是一个有生命的学习系统。持续的协商、对话与讨论是学习共同体的主要活动方式。起初，共同体的组建就是在某个问题或某个共同的兴趣的基础上进行的。换句话说，群体成员共同决定群体活动的目标，然后与他人合作，共同实现目标。

当然，合作并不意味着对个体的彰显和对竞争对手的排除。相反，要想进行有效的合作，必然离不开对个体的彰显。每个人都有不同于他人的个性和专长，而只有个体愿意发挥自己的才能与专长，愿意与他人分享自己的经验与体悟，才能够推动共同体的进步。根据生态学习的观点，教师学习共同体应是充分开放的学习系统。不同情境下的系统内部以及系统内外的对话交流是其获得发展的前提。共同体的情境导向使得共同体可以根据内外环境的变化及时、准确地作出反应。

教师学习共同体的成长和发育与其他生命系统一样，也是一个自组织、自生成的过程。当传统的学校组织认识到自身的问题和局限并尝试突破时，学习共同体就得以出现。需要注意的是，学习共同体中的很多成员与支持者都受到传统教育模式的影响，他们的文化素养与思维方式还有待更新，尚不能很快就达到自觉构建教师学习共同体的高度。所以，来自系统外部的推力是十分重要的，它对于创设一个全新的学习环境，构建平等、民主的教育环境下的共同体具有不可替代的作用。因此，应从学校内部渐进式地改变，尝试依靠共同体内外环境以及现在和未来之间的张力，来促使教师学习共同体走向正轨。

具体来说，形成一个能够共同接受的知识基础是共同体的首要任务。讨论与协商是十分有效的方法。通过共享目标的引导作用，成员之间可以进行有效的学习与交流。

至于如何进行有效的协商，我们认为，应当在平等的基础上，进行富有建设性的对话，如此可以最大限度地促进有效的协商交流。应当清楚地认识到，对话既不是辩论，也不是比赛，而是在对方的帮助下获得更深入的理解，了解新知识并改变自己的观点。只有每位成员都在被尊重的前提下积极地进行探索、交往、批判、参与，才有可能建立一个有生命力的教师文化生态学习共同体。

## （二）英语教师学习共同体构建的运行激励机制

### 1.激励简述

简单来说，激励是指激发人的行为的心理过程，它是组织通过设计适当的外部奖酬形式和工作环境，以一定的行为规范和惩罚性措施，借助信息沟通，来激发、引导、保持和规范组织成员的行为，以有效地实现组织及其个人目标的过程。由此可见，之所以要进行激励，其主要目的是激发人的正确行为动机，从而调动人的积极性，充分发挥个人的才智，促使其做出更大的贡献。

激励理论是研究如何调动人的积极性的理论。激励理论认为，人的工作效率与其工作态度有直接关系，而工作态度取决于需要的满足程度和激励因素。根据激励理论，学校管理者对教师进行激励时，首先要对教师的各种需求、需求的程度及其行为动机的特征进行详细分析，进而通过对各种管理资源的配置来满足教师需求，对其行为进行纠正、规范与引导，以保障教师学习共同体预期目标的达成。要想为教师学习共同体源源不断地提供动力支持，就应该积极促进激励机制的形成，并使其发挥持久的作用。

一般来说，激励机制由以下两个要素组成。

①激励标准，即对激励教师的方向和强度所作的规定。

②激励手段，即采用何种具体的激励方式。

选择激励手段时，应根据预期目标的不同而有所侧重。例如，为满足教师的物质需求，可采取功利型激励方式，如以实物形式给予教师相应的奖励；为满足教师的精神需求，可采取伦理型激励方式，如认可、赞赏教师的价值观念与行为方式，或者为教师授予某种具有象征意义的符号。

### 2.运行激励机制的主要形式

运行激励机制是指学校为引导教师的学习行为和方式，根据一定的标准和程序给教师及其团队分配资源，以实现其认同的愿景。运行激励机制对于教师来说，可以有效激发其学习动力；对于学校来说，则是其引导教师行为方式和价值观念的过程。

总体来说，学校在激励教师时要坚持"三不三多"的原则："三不"即不抱怨、不批评、不指责；"三多"即多赞美、多表扬、多激励。贯彻"三不三多"原则有利于在奖励优秀者的同时，有效照顾落后者的自尊心与自信心，激发他们的潜力。

具体来说，激励的主要形式有以下几种。

（1）目标激励

目标激励，就是将远、中、近的目标与大、中、小的目标有机结合在一起，从而使教师在工作中每时每刻都把自己的行为与这些目标联系起来。目标激励可以有效地起到鼓舞和激励的作用。采用该种激励方式，关键在于制定切实可行的奋斗目标。

（2）关怀激励

现代社会越来越重视人的作用，越来越突出人文情怀。因此，关怀激励也是激励的重要形式。要想有效施行关怀激励，首先需要深入了解教师。具体来说，学校领导可以从"八个了解"和"八个有数"两个方面深入了解教师。

"八个了解"包括以下内容：教师的姓名，教师的籍贯，教师的出身，教师的家庭，教师的个性，教师的经历，教师的特长，教师的表现。

"八个有数"包括以下内容：教师的家庭成员及其状况，教师的身体状况，教师的兴趣爱好，教师的经济状况，教师的学习情况，教师的工作情况，教师的能力水平，教师的社会交往。

通过上述"八个了解"和"八个有数"，学校领导可以大体了解教师的基本情况。当然，如果想要对教师进行更加深入的了解，那么还可以辅助其他手段，如面对面交谈。

（3）奖励激励

奖励是对教师进行激励的一种重要的物质激励，通过可见的激励，能有效促进教师工作动机的提高。需要注意的是，在进行奖励激励时应注意方式的多样化，一方面要不断创新，另一方面应尽量将物质激励与精神激励有机结合在一起。因为通常来说，重复多次的刺激后，激励的作用就会变小，刺激也会减少。而通过不断创新，新颖刺激和变化刺激的作用则更为显著。

（4）榜样激励

榜样激励是指通过榜样对教师产生刺激和激励，鼓励其不断进取，不断取得进步。通过选取具有典型性的事例与人物，可以使教师清楚地了解什么样的思想或行为是受到提倡或反对的。对于学校来说，要善于及时发现典型、总结典型、运用典型，通过典型示范效应来鼓励教师学先进、帮后进。

（5）支持激励

支持激励是指学校的领导者应对教师的创造性建议表示支持，从而对教师的聪明才智进行发掘。具体来说，学校领导者可以从以下几个方面入手。

首先要信任教师，对教师面临的困难应积极排解，从而有效提升教师的信任感与安全感。其次，要对教师的尊严、人格与首创精神给予充分尊重。最后，如果教师出现工作差错，领导者不能一味将责任全部推给教师，而是要勇于和教师一起承担责任，并创造一定的条件，使教师能胜任工作。

（6）领导行为激励

领导行为激励从某种程度上来说也是一种支持激励，只不过这种支持更多是通过领导者自身的优秀特质体现出来。具体来说，领导者应严于律己、以身作则，通过自己的示范作用给教职工带来信心和力量，从而更好地激励教职工朝着既定的目标前进。

（7）集体荣誉激励

中国人向来推崇集体精神，并以能成为优秀集体的一分子而感到自豪。因此，可以通过集体荣誉有效激励教师。学校可以通过给予集体荣誉培养教师的集体意识，从而让教师产生自豪感和荣誉感，形成一种自觉维护集体荣誉的意识。

（8）数据激励

数据因其具有很强的客观性与说服力，也是一种有效的激励手段。需要注意的是，应在条件允许的情况下对能够显示的各种指标进行定量考核。此外，应将考核结果定期公布出来，使教师能对整体数据以及个人在团队中的位置有一个清晰的认识，从而明确差距，迎头赶上。

# 第三节  基于网络的英语教师
# 学习共同体构建路径

## 一、基于网络的英语教师学习共同体的设计思路

在网络背景下，英语教师学习共同体的设计可以从三个层面来进行，即宏观层面、中观层面和微观层面。宏观角度强调英语教师学习共同体的教学资源，中观角度强调英语教师学习共同体的结构与模式，微观角度则强调教师个体化学习环境的建构与管理。具体来说，可以从以下几个方面进行设计。

### （一）学习共同体组织层的设计

组织层中的目标空间主要界定教师学习共同体希望达到的预期状态。具体来说，基于网络的英语教师学习共同体应充分发挥网络的优势和作用，在充分考虑教师学习特点的基础上，达到知识共建、资源共享、共同提高的目

的。此外，基于网络的英语教师学习共同体要注重通过技术手段辅助教师的学习和教研。

### （二）学习共同体活动行为层的设计

活动行为层对教师学习共同体活动的角色、方法、任务和活动提出了要求，这里具体分析如下。

#### 1.角色

角色也就是活动的主体。教师学习共同体活动行为层的角色主要涉及三种。

①在共同体中参与学习的教师，可称为"学习者"，具体是指教师个体或群组。

②提供技术支持和维护系统的人员，可称为"管理员"。

③提供指导和答疑的相关人员，可称为"专家"。

#### 2.方法

方法层界定了共同体角色的行为过程，包括行为的策略与规则等。因为不同的角色在共同体中的行为是不同的，所以对系统的功能需求也会不同。

#### 3.任务

所谓任务就是指共同体活动的流程。任务要根据教师学习共同体的角色、教师实践的需求来制定，主要包括以下几种。

①教师在组织教学时，需要大量的素材，所以需要提供内容丰富的多媒体资源以备教师使用。

②教师应该理解课程改革的理念，学习现代教育理论，重新思考新的教学方式和评价方式，而这些都需要教师掌握丰富的学习资源并加以有效利用。

③教师为了分享知识、教学经验以及接受专家指导，需要一个交流的平台。网络可以让教师之间的协作和学习成为现实，便于其共同应对实际教学中的困难。

④组织丰富多彩的社区活动，联络教师的情感，增强其共同体归属感；引

发教师思考，提高教师反思的积极性。

⑤为了让教师及时了解教育的现状和趋势以及优秀课程案例的开展情况，有必要提供最新信息。

### 4.活动

活动是主体之间的互动过程，具体来说，活动主要有以下几种。

（1）教育教学问题研讨

论坛是教育教学问题研讨方式的主要平台和载体，在论坛上，各种问题都可以被讨论，且方式多样，如教育漫谈、热点研讨、难题会诊。需要指出的是，教育教学问题研讨的目的在于通过促进教师之间的交流，使其能够分享教学经验，总结问题，促进教师共同成长。也正因为如此，教育教学问题的研讨是开放式和多元化的，既可以在同学科的教师间进行，也可以在不同学科的教师间进行。

（2）课题组活动

课题组活动是指教师根据自身和现实情况，自主选择需要解决的热点和难点问题，然后进行具体研究。课题研究可以促进教师之间确定群体共同的研究目标。教学中的诸多具体问题被统整到课题研究中，可以带动网络教研活动的开展。

（3）专家引领

专家引领是重要的活动之一，纵向的专业引领可以避免造成低水平的重复甚至倒退。所谓专家引领，是通过高层次的教育科研机构及高校专家的引领使教师与专家之间构成协作共同体。

（4）同行交流

同行交流也是一种重要的活动，其形式多样化，主要包括集体备课、评课制度等。教师同行之间通过交流，可以构建学习共同体。在交流过程中，教师可以获得开放的学习心态，培养协作意识，养成合作的态度，从而在协作学习中实现共同成长。

### （三）学习共同体支持层的设计

基于教师用户的视角以及网络平台设计的原则，网络技术下教师学习共同体支持层的结构模型如图 3-2 所示。

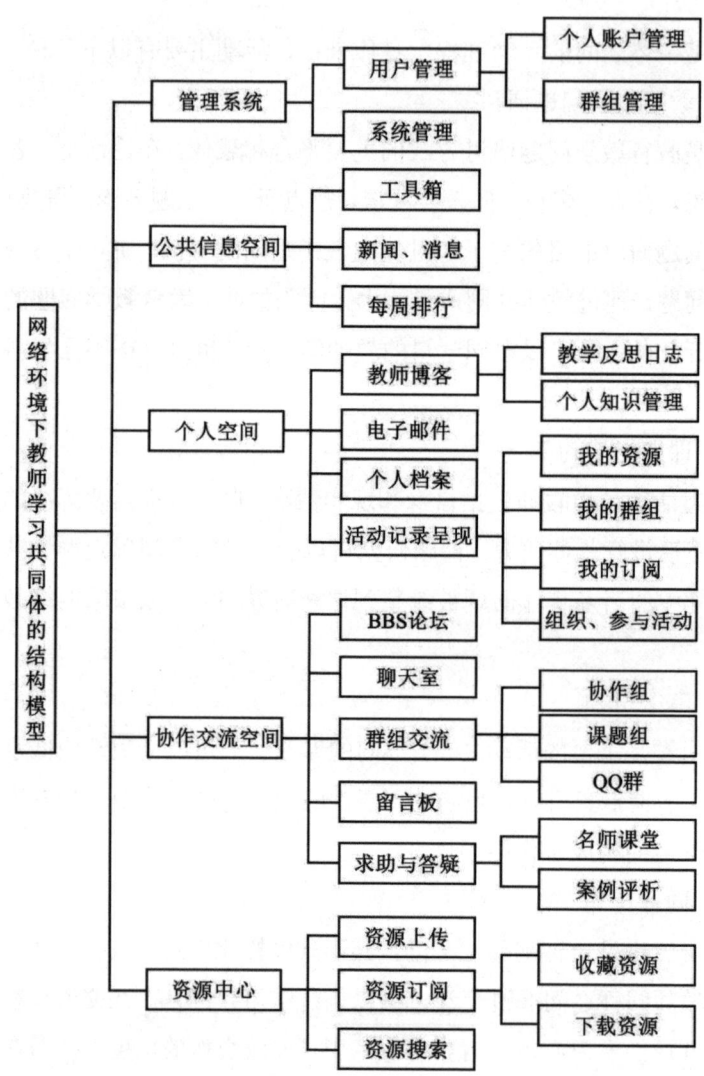

图 3-2　基于网络的教师学习共同体的支持层结构模型

## 二、基于网络的英语教师学习共同体的实现方式

前面介绍了基于网络的英语教师学习共同体的设计思路，这里就主要介绍具体的实现方式，主要包括以下几个方面。

### （一）建立教育门户网站

门户网站是指通向某类综合性互联网信息资源并提供有关信息服务的应用系统。教育门户网站则是以教育为主题的综合性网站应用系统，这是教师提升教育观念、掌握信息技术的重要渠道之一。各种资源围绕各类学习主题进行组织，直接指向教育内容，目的性较强，节省了搜索资源的时间和精力。

教育门户网站具体来说主要包括下面三个部分。

1.资源共享空间

资源共享空间主要指学习共同体成员可以获得并共享的有关教育教学的资源，包括数据库、媒体库、知识库、协作工具等。

2.信息发布空间

信息发布空间主要是指开放程度不同的沟通和信息发布平台，如电子邮件、论坛、网络信息页面、聊天室。

3.私有空间

私有空间是指在网站中个人会员拥有的私人信息处理和数据存储空间，包括网络硬盘、邮箱、用户空间等。

这里介绍一个比较著名的教育门户网站：中国教师研修网。中国教师研修网是一家为全国中小幼教师和教育管理者的专业发展提供全方位学习服务的专业机构。从创立之日起，中国教师研修网在教育部与各级教育主管部门的支持与指导下，较好地实施了"知行中国"中小学班主任远程培训项目，"国培计划"示范性、中西部、幼师远程培训项目，以及多个省级、区域级远程培训项目，并且努力实施网络研修与校本研修整合、区域研修社区等具有探索性、

引领性的教师专业发展项目。

目前中国教师研修网已经形成完备的需求分析、方案研制、课程研发、教务管理、教学服务、项目评估体系和标准化实施流程，开发了近 20 000 门分层、分类、分岗的教师和管理者网络学习课程，网络课程每年以超过 20%的比例迭代更新，逐步形成主题式、案例式、任务驱动式、团队常态研修等多种网络研修模式，并建立了集教、学、管理、社区等功能于一体的网络研修平台。

## （二）使用即时通信软件

类似于微信等即时通信软件由于沟通便捷，已成为网络互联的常用方式，这些软件有建立群组的功能，如教学研讨组、课改研究组、心理咨询组。群组的成员可开展文字、图片、语音、视频等各种方式的交流，并共享各种资源。还可以邀请专家和骨干教师的加入，带动群组的人气和加强讨论的效果。

在群组中，教师不仅可以学到专业方面的知识，也能提升专业技能。更重要的是，这种形式的交流给予成员话语权以及情感的补偿，可以在一定程度上使成员端正专业态度。

# 第四章  教学反思与英语教师
# 专业化发展

作为一名教师，只有在理解"教学反思"的基础上，才能最大限度地运用好反思，促进教师自身的成长。下面本章就反思与教师反思、教学反思的基本知识及教学反思与英语教师职业生涯规划的相关内容展开具体论述。

## 第一节  反思与教师反思

人类一直注重反思对自身发展的重要性。人们尽管对于反思的探讨由来已久，但对于反思概念和内涵的理解却不尽相同。

### 一、反思的内涵

反思是指思考过去的事情，并从中总结经验教训。从这个角度来说，人们一般把反思等同于"反省"，就是对自己过去的思想、心理感受的思考，以及对自己体验过的事物的理解、描述、体会和感悟。

在我国，"反省"的观念由来已久，孔子提倡"仁"的观念，并强调士人的内省能力，反省一直是儒家弟子的自我要求。在西方哲学史上，对自身行为观念的内省可追溯到亚里士多德和柏拉图。洛克（J. Locke）较早探讨了反思现象，他认为反思是获得观念的心灵的反观自照，在这种反观自照中，心灵可以获得"不同于感觉得来的观念"。可见，洛克在这里所谈的反思是把心理活动作为认识对象的认识活动，是对思维的思维。而斯宾诺莎（B. Spinoza）把自己的认识论方法称为"反思的知识"，即观念的观念，就是对所得的认识结果进行再认识（反思）。我们不难看出，斯宾诺莎的反思是以思维活动的结果为思维的对象，而洛克的反思是以思维活动的过程为反思的对象。

当代认知心理学用元认知来解释反思，认为它是人们认识自身的过程和结果。由此看来，反思是以自我及自我的思想、情感为认识的对象，通过不断内省、反省，去获得知识、把握客观规律的一种途径或方式。

在杜威看来，序列和后果这两个术语是反思型思维的核心。思想在逻辑上是有序的，并且包含对决策后果的考虑才能称得上是反思。杜威认为，反思不是简单的经验总结，它是伴随整个教学过程的分析和解决问题的活动。其中隐含着这样一些内容：一是反思是一种思维活动，二是反思具有对象性、自觉性和技巧性。反省思维不是一种被简单地罗列出来供教师运用的技术，而是一种面对问题和反映问题的处理方式，涉及直觉、情绪和激情，理性和情绪交织在其中。杜威认为，个体进行反思，有三种态度是非常重要的，一是开放的头脑，二是责任感，三是专心致志，正是这三种态度确保和推动了人们的反思行为。

在杜威的反省思维理论基础上，各国研究人员的视角不同，提出的看法也不尽相同。但大多数研究者都认为反思是一种特殊的思维形式。

## 二、教师反思的内涵、内容及特征

### （一）教师反思的内涵

随着历史的发展，反思已经渗透到社会生活的各个领域，在社会科学理论中得到广泛运用，是否具备一定的反思能力被看作社会个体或者群体走向成熟的标志。虽然我们在前面已经对反思的内涵进行了讨论，但是仍然需要强调的一点是：反思主体的不同，必然会导致反思客体的差异，就像不同的职业具有不同的行规一样。那么，对于教师这个群体来说，其反思的内涵又是什么呢？

20 世纪 80 年代，在美国、加拿大、英国等西方国家兴起了反思型教师教育运动思潮，进而影响到全世界。这个思潮一反过去的技术型教师观和能力本位的教师教育模式，提倡将批判性理论、发展性理论和后现代主义理论等一批反思性质的理论用于教育实践，以教师自我研究为本，开展教师教育。

在这个背景下，舍恩（D. A. Schon）发现，反思能帮助教师形成"实践中的理论"，即将专家的理论与自身的实践相结合，并在总结实践的基础上不断完善自己的知识体系。随着众多学者研究的深入，大家发现虽然促进教师专业成长的途径很多，但反思却具有独特和重要的作用。大量研究表明，专业反思是促进教师发展的重要内在机制，是提升教师专业素养的有力手段和有效途径。美国著名心理学家波斯纳（G. J. Posner）认为，教师成长的方式为：成长＝经验＋反思。

国外的学者们对教师反思提出众多的定义，总体来说，学者们对教师反思内涵的理解，主要有以下三种。

第一种：教师的反思是对行动富有创见的思考，是对教育教学活动本身，尤其是教育教学能力、方法的深入思考。这种深思使得教师能够有意识地、谨慎地、经常性地将研究结果和教育理论应用于教学实践。教师反思的目的是指导、控制教育教学实践，持有该观点的教师乐观地相信自己能积极影响教育实践。

第二种：教师的反思是对各种有争议的"优秀教学观"进行深入思考，并作出判断。持有该观点的教师能够考虑到教育事件发生的背景，能够预期不同行为将会带来什么样的后果。此观点有两个显著特征：一是关注教育事件的背景、发展脉络；二是能够对特殊的事件、情境进行反思。

第三种：教师的反思是对教育经验的重新建构。在该观点下，反思是教师理解、评价教育实践的一种手段，是对经验的重新组织和建构，并由此达到一个目的：对各种教育教学活动的背景有新的理解；对教育教学活动的文化环境有新的理解；对关于教育教学的一些假设有新的理解。

这三种对于教师反思的理解事实上并不矛盾，也没有本质上的差异，但各自有不同的侧重点。第一种侧重反思时的思维过程；第二种侧重反思的目的——追求好的教学；第三种侧重的是反思过程的另一个角度——教师自身经验的重建，使教师真正理解自己的实践。即从目的、过程和结果这三个方面来理解反思。

目前国外有关反思的概念尚无定论，值得一提的是，随着研究的不断深入，研究者开始意识到，教师的反思不应当仅仅被看作一个客观的、理性的逻辑推理过程，还应当将反思看作一个与情感、关怀密切相关的过程。许多研究者都认为，在教学中缺乏关怀、同情、激情也是一个问题，反对将反思看作一个客观、理性的过程。

我国学者 20 世纪 90 年代末开始涉足这一研究领域，对反思的界定主要有以下几种：①反思是教学主体借助行动研究，不断探究与解决自身和教学目的，以及教学工具等方面的问题，将"学会教学"和"学会学习"结合起来，努力提升教学实践的合理性，使自己成为学者型教师的过程，明确指出了反思的方法论是行动研究；②反思是教师以自己的教学活动过程为思考对象，对自己所做出的行为、决策以及由此产生的结果进行审视和分析的过程，是一种通过提高参与者的水平来促进能力发展的途径；③教师反思是指教师在教育教学实践中，对自我行为表现不断进行修正，进而不断提高自身教育教学效果的过程。

通过以上分析，我们可以发现国内外学者对教师反思的理解存在一些共性，例如，教师的反思是教师以自己的教育教学活动过程为思考对象的元认知过程；教师的反思是教师主动的自我调控过程；教师的反思不仅仅是一种认知过程，也是一个与教师的情感、态度和价值观密切相关的过程。

因此，基于这些共性，我们可以认为，教师反思是教师主体对自身教学实践、教育观念、教育经验和教育行为等进行思考、审视、批判，以及自我调控的一种积极的认知和加工过程。它是一个动态的过程，包括以下几个方面。

①用新的理论重新认识自己的过程。

②用社会的、他人的认识与自己的认识、行为作比较的过程。

③不断收集和寻求他人对自己的认识和评价的过程。

④将自己当作他人，站在他人的角度反过来分析、认识自己的过程。

⑤在解构之后又重构的过程，一个在重构的基础上处于更高水平上行动的过程。

## （二）教师反思的内容

教师反思的具体内容包括以下几点。

①教育观念反思：旨在吸收、内化外在的教育理论，并结合自己的教育实践和职业生活，形成自己对教育的个体性的认识。

②课堂教学反思：旨在获得有关教学的实践性知识和缄默知识（教学策略知识、课堂情境知识、课堂应变知识等），以及教学的计划与准备、组织与管理、检查与反馈、控制与调节等教学监控能力。

③学生问题反思：旨在了解和把握学生学习和心理发展中的问题，包括学生学习的特点和个性心理的特点，以便更好地认识自己的教育对象、更有效地因材施教。

④教育现象反思：旨在透过现象看本质，把握规律，转换思维，提升能力。

⑤人际关系反思：旨在建构和谐的师生关系，为教学营造良好的人文环境。

⑥专业水平反思：旨在分析和把握自己的专业发展状况，制定完善的专业结构、提升专业水平。

⑦自我意识反思：旨在不断地认识自我、评价自我、超越自我。

⑧个人成长反思：旨在通过对个人成长的过程和影响因素的分析，认清自己成长的特征和阶段，进而制定自己下一步成长和发展的规划。

## （三）教师反思的特征

### 1.自省性

教师的反思是教师自觉地把自己的教育教学实践作为认识对象进行的反观自照，对自身教育实践和活动进行多视角、多层次的观察、思考、分析和评价，从而重新进行价值判断和选择的过程。在这个过程中，有新旧观念的激烈交锋，有对与错、优与劣的价值判断，有为与不为的重要抉择，有自我评价与他人评价的矛盾冲突，有习惯行为与现实需要行为或理想行为的行为选择。这些都是在心灵深处展开的，看不见摸不着，他人也无法窥视。因此，自省性是教师反思的首要特征，教师自身既是反思的主体，又是反思的客体。

### 2.主动性

无论是何种反思，都是教师主动对教育实践过程进行的回顾和审视，是教师对自己已经作出的教育决策、教育行为及其产生的结果主动进行的反观自照和思考。因而，反思的过程是教师独立地、自觉地对自己的教育教学实践活动进行认知加工的过程，既有主体认知因素的参与，也有非认知因素的参与，具有主动性的特征。

### 3.自我调控性

教育实践是一个复杂、动态的过程，为保证教育教学活动高质、高效地进行，教师就需要进行反思。有效的教育反思要求教师提高自我教育调控能力和应变能力，能够在教育实践活动的全程加强自我监控，及时地反思自己的教育教学观念和行为是否适宜，时刻关注学生的学习和发展状态，关注所使用的教育方法和手段，善于捕捉教育教学中的灵感，及时调整教育教学策略，顺应学生发展的需要，以达到最佳的教育教学效果。而这一系列的措施，实际上是教师根据自己相关的专业知识和已有的经验对自身教育教学实践中所遇到的问题进行的自我调控活动。

### 4.自我批判性

有效的反思具有自我批判性，需要教师对自己的教育教学行为进行构建、审视和回顾，对自己的教育实践和行为经常持有一种积极、健康的怀疑和自我批判态度，有较强的问题意识，能够排除定式思维和行为的传统惯性，尤其是勇于否定自我，对自己的教育教学活动进行持续的自我评价和改进。

# 第二节 教学反思的基本知识

## 一、教学反思的定义

教学反思是以教师自己的教学活动过程为思考对象，对自己的教学决策、行为以及由此产生的结果进行审视、思考、分析的过程，是一种通过提高教师自身的觉察水平来促进能力发展的途径。教学反思是教师通过对教育教学各环节进行总结，为保持教育教学可持续发展积累动能所采取的一定的方法。教学反思是教学的延续，是在教学环节中优化课堂教学、提高教学质量、实现教师可持续发展的重要举措，是推动教学改革的保障。

教学反思有别于一般性的思索，它不是教师一个人的放松独处、回忆漫想或苦思冥想，而是教师个人和学校在促进教师专业化发展方面的共同工作，它常常需要教师合作进行；它不是教师简单地对教学经验进行总结，而是伴随着整个教学过程的分析和解决问题的活动，是一种需要教师持续地进行认真思索乃至继续付出极大努力的实践过程；它不是教师的一种自我检讨，而是教师对教学成败的客观评析；它不是单纯的理论思考或实践尝试，而是教师在教学活动中理论和实践有机结合的产物。教师在教学反思过程中扮演着双重角色：既是演员，又是批评家。反思成为理论和实践之间的对话，是它们两者之间相互沟通的桥梁。另外，教学反思不是教师教学过程的终结，而是一种循环，它指导着教师沿着"实践—思考—实践"的行动轨迹，使教学认知螺旋式上升。

## 二、教学反思的特点

### （一）主体性

教学反思具有显著的主体性，具体是指教师通过自觉，努力实现教学方式的更新与教育理念的丰富。教师是教学反思的源泉。教学反思的动力主要是教师专业发展的积极性与责任感。教师应注意更新教学观念，关注教学效果，主动发现自己教学中的问题，并对问题进行分析、总结，最终解决问题。

### （二）探究性

教学反思的探究性是指采取教学反思方法的教师往往会不断追求教学实践的合理性，从教学实践中敏感地发现具有价值的问题，同时对这些问题加以解析。在进行教学反思的过程中，教师主动探究新问题、寻求新策略，最终提高教学效率。

### （三）批判性

教学反思要求教师要具有批判性思维。反思性思维带有明显的批判性特征，教师在接受与使用专家的理论时，应以批判的态度辩证地看待问题，要去伪存真，避免全面接受与机械照搬。

### （四）情境性

在英语教学中，教师所面对的实践情境并非一成不变的，而是充满变化的。采用教学反思模式，教师可以在多变的教学情境中对教学活动加以监控，并进行适当的调节，确保教学实践的合理性，这就是教学反思的情境性。

由于教学情境变化不定，现成的教育理论与教学方法通常会失去价值，教师只有通过不断反思，超越自我，采用新的教学方法，才能真正提高自身的教学水平。

### （五）内隐性

通常，教师通过反思而建构的个人实践与知识往往是一些与个人经验和感受相关的默会知识，尽管可以借助反思日志与行动研究将反思过程呈现出来，但大多数情况下反思仅仅存在于反思者的头脑中。

## 三、教学反思的内容

### （一）对教学理念的反思

英语教师首先需要对自己的教学理念加以反思，用先进的理论武装自己，根据多元社会的要求转变教育理念，从思想上为自己的角色转换排除障碍。对教学理念的反思主要包括对自身教育观、教学观、学习观、语言观、课程观、职业观、教师价值观以及道德观方面的反思。

课堂教学的组织与安排一般涉及下面的内容：对学习活动进行选择，为学生学习新知识做好准备；将学习活动呈现出来，根据学习活动进行提问；指导学生的句型操练，检查学生的理解程度；给学生提供语言操练的机会，监控学生的学习过程；对学生的学习活动提供反馈等。

在英语教学的过程中，如果想要了解教师是如何展开上述这些教学活动的，就应对教师的教学理念进行审视。教师的所有教学活动都受其自身教学理念的支配。对教学理念进行反思有助于教师理性地反思自己的教学实践，评价自己教学实践的合理性与有效性。

## （二）对教学技能的反思

对教学技能的反思也是教学反思的一项重要内容，具体需要对以下内容进行考虑。

①在课堂教学中，理解性问题、开放性问题以及高层次问题提问的数量以及学生参与的人数和次数。

②对问题学生的处理。

③对课堂上突发事件的处理。

④语言知识教学所采用的方法与技巧。

⑤教学活动设计的合理性。

⑥运用教学手段的技能。

⑦课堂教学的组织与管理。

## （三）对教学过程的反思

教学反思还要注意反思教学过程，具体要对下面的内容进行审视。

①教学角色是否符合教学材料、教学目标和学生需要。

②教学活动设计是否合理。

③教学活动实施是否与预期目标一致。

④教学技术的使用是否利于学生的语言学习与能力发展。

⑤教学目的、教学工具、教学方法、教学措施以及教学过程等是否将理念与实践有机结合起来。

⑥时间安排是否合理。

⑦学生参与课堂学习活动是否积极，学生的学习效果如何。

通过对这些内容进行反思，教师可以理性地回顾自己的课堂教学行为，从中发现存在的不足与问题，在以后的教学中注意改进。

### （四）对教学效果的反思

教学反思还应注意反思教学效果。在教学活动结束之后，教师应对整个教学实践所取得的教学成效进行价值评判，具体可以从以下两个层面进行。

#### 1.学生的满足程度

就学生的满足程度而言，其主要考查教学效果是否达到了要求，这些要求包括语言知识、语言技能、学习策略、情感态度、文化意识等。

#### 2.教师角色的价值感受

就教师角色的价值感受而言，其主要考查教师在确定价值取向、实施教学活动、进行价值判断的过程中自己的教学活动对学生的影响情况，对个人经验的提升情况，对教学理论和教学理念的丰富情况。

## 四、教学反思的模式

### （一）"埃拜模型"反思模式

埃拜（J. W. Eby）重温了杜威的反思理论与科尔伯格（L. Kohlberg）等人的道德理论，并在充分理解和丰富联想的基础上构建了自己的教学反思模型。

埃拜认为，教学反思有广义和狭义之分。狭义的教学反思是指课堂教学行为，广义的不仅是指课堂教学行为，而且还包括课前的计划与课后的评价。因此由反思性计划、教学反思、反思性评价三部分构成一个连续统一体。

### 1.反思性计划

在这个统一体中，计划是相对起点，教师制定计划，通常是以道德原则等为基础进行判断，如"我要孩子成功""考虑孩子的情感"等。接着考虑备选策略，即设计将前述判断变成现实的各种变通性的方法与手段。最后确定适合学生或课堂具体情况的策略以及完整的实施方案。

### 2.教学反思

课堂教学是将教学反思付诸行动。在此过程中，教师不仅要运用传授知识与发展能力等具体技能，而且要察言观色，审时度势，及时发现新情况。若发现了新情况，就要有针对性地提出问题，如"我能做什么""我怎样改进"等，并采取有力的变通措施。

### 3.反思性评价

反思性评价要收集关于教学的客观资料和主观信息，通常采取查阅作业或听取学生意见等方法。在对收集到的资料和信息进行分析处理的基础上，作出事实和价值判断。于是一个教学反思周期结束，然后再进入新的教学反思阶段。

## （二）"爱德华兹-布朗托模型"反思模式

爱德华兹（A. Edwards）与布朗托（D. Brunton）提出的反思模型以教学反思过程是学会教学的过程这一命题为基础。因此，学习理论和行动研究理论成为这一教学模型的理论核心。

## （三）"拉博斯凯模型"反思模式

拉博斯凯（V. K. Lahoskdy）模型是以杜威的理论为基础的，除此之外，还博采众长，但主要立足于杜威等人的理论，把一些教学实验的结果作为建立模型的依据。这一反思具体模型表明，教学反思主要有三个部分：一是动力（动机形成阶段），二是行动（进行反思阶段），三是结果（解决问题阶段）。在反思动机作用下，教师采取反思的行动。反思的行动总是处于特定的情境中，并指向特定的内容。

教学反思的直接结果是教师"新的理解力"的形成。新的理解力包括四个方面的内容：可能是改进了的采取反思行动的能力，可能是变化了的关于课程、教材或教学等领域的信念，可能是进一步澄清了的"教学中什么是最重要的"一种态度或价值观，可能是改善了的教师的情绪状态或品质。总之，新的理解力是教师得到提高的标志，但是新的理解力总是处于暂时的、被不断修正的过程中。

## （四）"有效反思循环过程模型"反思模式

以北京师范大学的庞丽娟教授为代表的国内学者综合国内外的各种理论，认为各种对于教学反思过程的认识虽然有差异，但实质都是一样的，即教学反思是教师"发现问题—分析判断—形成假设—尝试解决—问题解决—经验重建"的循环往复过程。循环的起点则是发现问题，反思的本质就是教师对自己的教育实践进行自我探究。于是，他们认为有效的教学反思过程包括以下五个环节。

### 1.反观实践，发现问题

反思始于教师对课堂教学中师生活动的观察，或教学后对教学过程以及自身或他人教学经验、理念的回忆和反观自照。教师通过发现自身教育教学实践中的特定问题，结合教育实践的实际感受，并从学校环境、课程、学生、教师本身等方面收集有关的资料，发现自己在教学中存在的问题，确定所要关注的内容。教师收集资料的方法包括自述与回忆、角色扮演、轶事记录，以及收集各种检查表、问卷等，也可以借助相关录音、录像档案资料等。

### 2.自我审视，分析问题

教师分析所收集到的资料，特别是关于自己教育教学活动的资料，以批判的眼光进行自我审视与分析，包括自己的教育思想、教育行为，以及自己的教育信念、价值观、态度、情感和教育策略等，以形成对问题的认识，明确问题的根源所在。

### 3.产生观念、评价判断

教师通过自我审视与分析，在头脑中产生种种关于教育事件或问题的解释、看法以及可能的解决方案，并且通过与教育教学事实、已有教育理论的比较和分析，可能就会产生一种或多种观念，教师需要对这些观念进行评价和判断，分析其产生的原因。

### 4.概括经验，建立假设

在明确问题，并通过观察、分析明确问题的产生原因之后，教师开始在已有的知识结构中（或通过请教专家、同事，或通过阅读专业书籍、网上搜索文献资料等途径）搜寻与当前问题相似或相关的信息，重新审视自己教育实践中的思想观念，并积极寻找新观念和新策略来解决所面临的问题，以提出解决问题的某种假设性方案。这种寻找信息的活动是自我定向式的，它所产生的研究结果有助于教师形成新的、有创造性的解决方法。

### 5.返回实践，验证假设

教师将重新概括的经验或提出的假设性方案付诸实践，通过实践检验上一阶段所形成的假设和教育方案对解决问题的有效性。在检验过程中，教师会遇到新的具体经验，或重复实践验证假设，或修改假设，或发现新的问题、形成新的假设。当这种行动过程再次被观察和分析，就开始了新一轮的反思循环。

## （五）"反思方法的连续性网络模型"反思模式

和以往针对反思过程的模型不同，这是一种由国内的专家学者和一线教师共同摸索出来的针对反思方法的模型。他们希望通过这样的模型，能使一线教师更加灵活地掌握和运用各种反思方法。

反思方法的连续性网络模型中包括下面两个关键点。

①对反思的反思——以"反思主题"为中心，利用各种反思方法对其进行反思和再反思。

②档案阶段反思——通过整理档案袋的机会，不断对自己的"反思主题"进行回顾，使其成为教师自己创造的学习材料。

## 五、教学反思的步骤与方法

### （一）教学反思的步骤

教学反思一般可以按照以下步骤展开。

**1.教学前反思**

教学前反思是教学反思的基础。英语教师应具有教学模式、教学方法等方面的知识，还要改变教学理念，致力于提高教学效果；制订合理的教学计划，对一切有可能出现的问题予以考虑。

**2.教学中反思**

教学中反思就是反思教学的具体实施情况。教师既要展开具体的教学活动，又要对自己的教学进行监控与调查，获取反思与提高教学效果所必备的资料与相关信息。教学中反思的方式有多种，如问卷调查、行动研究、教学日记、案例分析等。

**3.教学后反思**

在该环节，教师应结合教学中所有条件的变化对自己的教学行为加以调整，通过监控教学效果以及个人反思，使教学过程更加清晰。因此，在教学后反思阶段，要确保目标明确，从而使教师的教学技能得到真正提高。

**4.建构教学行为反思的连续体**

英语教师与英语教学的发展都是持续进行的。教学反思也需要持续进行，并不仅仅是一两次的课堂行为。从教学前的准备到最后的补偿与提高，几个阶段密切相关、相互促进，共同构成教学反思系统。

### （二）教学反思的方法

教学反思必须遵循源于实践、用于实践的原则。教学反思可采用的方法有：记日记、合作研究、教学观摩、专家听课、教学评价、调查问卷、研究教学录像或录音等。教学反思可以用许多形式和手段来实现，教师可以根据自己的教学情况，采用不同的方法。

#### 1.记日记

教师在当堂或当天的课堂教学后，对具体的教学问题记录下亲身感受和体会。该方法能提醒教师注意教学的不足之处，关注教学成功之处，从而对自己的课堂教学行为、效果、动机等产生新的见解。同时，记录下来的问题可作为同事间讨论的话题，在相互学习中得到启迪和帮助。记日记贵在坚持，日记能为教师的教学反思提供最直接的、第一手的材料。

#### 2.合作研究

不管是在教学上还是在科研上，大多数教师都是各自为战。但在当今知识信息爆炸的时代，任何事业的成功都取决于团体的协作和努力。教师通过集体合作方式，可以汲取他人教学的精华，反思自己的教学方式、教学手段和教学方法。教师还可以同学生合作，就教学过程共同实践和探讨。

#### 3.教学观摩

教学观摩是广大教师提高自己各方面能力的最普遍的手段，以相互听课为主要形式，观察和分析同事的教学活动。教学观摩应以教师自愿为原则，以教研室或同一学科的教师为单位，相互听课，相互学习，观察教师是否合理安排教学过程，如何处理课堂教学中的问题，确保教学活动顺利进行。

教学观摩与传统的听课形式不同，不是教学的检查、评价，而是通过听课这一形式，彼此客观地交换意见，提出改进措施，以达到共同提高、共同发展的目的。这样不仅能更有效地解决教师所反思的问题，而且能更好地推广新的、行之有效的教学方法。

### 4.专家听课

专家听课可以是离、退休教师组成的教学督导小组听课，也可以是同教学领域业务过硬的专家听课指导。条件许可的话，可以聘请国际知名学者对全体英语教师进行全程听课，并给出评价。

### 5.教学评价

教学评价要求听课者关注课堂教学的全过程，在课后相互交换意见时，焦点是整个教学过程中的教师行为，而不是教学对与错的问题。这是一个反思、分析、综合和实践的循环过程，其目的是帮助教师提高教学水平，有利于将来的发展。

一般从以下六个方面对教师进行综合评价：人际关系、文化知识和跨文化知识、语言与语言学知识、语言习得与语言学习、语言教学、职业意识。

### 6.调查问卷

调查问卷可以是英语教师对本班学生就教学行为、教学效果等小范围的调查；也可以是全年级、全校，甚至全省、全国的英语学习调查问卷。调查问卷有利于教师了解学习者的心态和动态，调整教学策略，使教学过程更加完善。

### 7.研究教学录像或录音

该方法主要是开展教学竞赛、录制教学录像，或根据所在学校的条件，对课堂教学的整个过程或某一环节进行录像或录音。这样便于教师随时、反复观看或聆听，直观地分析、研究所反思的教学问题。并通过对比研究，使教师全面、准确地收集相关信息。

通过教学反思，教师可以调整、优化其教学行为来组织课堂教学，指导学生学习，启发学生思维，最后达到预期的教学效果。对于大多数课业负担重、进修机会少的英语教师而言，教学反思是一种有效而又切实可行的方法，是促进英语教师职业发展的有效途径。

# 第三节 教学反思与英语教师
# 职业生涯规划

## 一、教师职业生涯规划的相关理论

### （一）教师职业生涯的内涵

职业生涯是指一个人一生中所有与工作相联系的行为与活动以及相关的态度、价值观等连续性变化经历的过程，包括客观和主观两个方面。人的职业分为外职业与内职业。表示职业生涯的客观特征的是"外职业生涯"，指一个人在工作期间进行的各种活动和行为的连续体（一般是具体的，包括职位、工作内容、工作环境、收入、工作地点等，侧重于职业过程的外在标记）。表示职业生涯的主观特征的是"内职业生涯"，涉及个人的价值观、态度、需要、动机、气质、能力、发展趋势等，侧重于职业生涯发展过程中的内心体验和感受。职业生涯是人一生中最重要的历程，是追求自我实现的重要人生阶段，对人生价值起着决定性的作用。

教师职业生涯是与教师本人在学校教书育人的一系列活动相关联的职业经历的模式，如在学校从教经历、教研活动中教学经验的丰富、教育理想和愿望的实现，以及得到学生与社会的认可、尊重等。

一个教师职业生涯的成功与失败，其判断的标准，主要是看其自主发展的水平、个人职业的体验、学生肯定和社会尊重等，还包括职称、职务、报酬以及地位等外在变化。一个成功的教师，应该是在教育教学实践中取得了突出的教书育人成绩，在教育理论和实践方面具有创新性的学术贡献，具有崇高的人格魅力，并赢得学生的真心爱戴的教师。

### （二）教师职业生涯规划的内涵

职业生涯规划也称职业生涯设计，是指组织或个人把个人发展与组织发展相结合，对决定个人职业生涯的个人因素、组织因素与社会因素等进行分析，制定个人一生中在事业发展上相应的工作、教育和培训的行动计划，并对每一步骤的时间、顺序和方向进行合理的安排。

教师职业生涯规划是对有关教师职业发展的各个方面进行的设想和规划，具体包括对教师职业的选择、对教师职业目标与预期成就的设想、对工作单位和岗位的设计、对成长阶段步骤以及环境条件的考虑。

### （三）教师职业生涯规划的必要性

教师职业生涯是教师全部生命历程中最重要的阶段，教师职业生涯的发展可以看作教师"育己"的过程。因此，教师职业生涯规划是终身教育的需要，也是教师自身发展的需要。教师职业生涯规划有助于教师确立发展目标，也有助于教师适应激烈的竞争与社会需求。

目前，社会经济飞速发展，新的发展形势也使教师这个相对稳定的职业面临着冲击，主要体现在：

①教育变革增加了职业中的不确定因素；

②教育工作的特殊要求；

③学生发展水平提升，教师权威需要重新树立；

④知识更新速度加快，知识来源多渠道化；

⑤从本土地域性学习转变为全球网络学习。

选择了一份职业，就是选择了一种社会角色，最终就是选择了一种生活方式。教师职业生涯的发展如何，决定了教师的生命质量和教育质量。因此，要关注教师的职业生涯发展，由学校和教师共同制定适合教师特点的个性化的职业生涯规划，有利于增强教师在工作中的动力，使这一特殊群体看到自身的发展前景，感到自身所处的环境有巨大的发展空间，能够最大限度地挖掘自身潜能，更好地创造自我价值和社会价值，从而体会到自我实现的满足感。把职业生涯管理理念运用于教师这一职业，可以最大限度地提高教师的素质，促进教师的专业发展。

此外，教师职业生涯规划有助于解决教师的职业倦怠问题。职业倦怠也称工作倦怠，是指个体因为不能有效地应对工作上连续不断的各种压力，而产生的一种长期性反应，包括情绪衰竭、疏远工作与团队、成就感低落。教师职业倦怠，主要是指教师难以达到职业对自己的要求而产生的疲倦困乏的身心状态，是个体厌倦和畏惧工作任务的一种心理反应。教师职业倦怠现象不但极大地危害教师的身心健康、专业发展，而且严重影响教育事业和整个社会的发展。因此，必须解决教师的职业倦怠问题

从人力资源开发与管理理论来看，解决职业倦怠问题的出路之一就是要加强教师职业生涯的管理与计划。教师通过职业生涯管理认识到自身的兴趣、价值、优势和不足，从而明确职业发展目标，制定行动计划。学校则需要组织相关的职业生涯管理培训，帮助教师进行系统的职业生涯规划和管理，并为教师提供合适的职业发展通道，以最大限度地激发其潜能。

## 二、教学反思对英语教师职业发展的促进作用

我国传统的英语教学，主要以"归本"为主，教师凭经验而教，学生靠教师而学。在教学策略上，也过于简单化，考什么就教什么。因而"哑巴英语"和"费时低效"等问题仍是我国学生学习英语的主要"瓶颈"。不少学生学英语只是为了考试，只注重语言知识的积累，而忽视语言交际能力的培养，结果学了十多年英语，口语和口译能力并不理想。英语的教学目标是培养学生英语综合应用能力，特别是听说能力，使他们在今后工作和社会交往中能用英语有效地进行口头和书面的信息交流，同时增强其自主学习能力、提高综合文化素养，以适应我国经济发展和国际交流的需要。

但我国目前的英语教学远远不能满足社会经济和科技文化发展的需要。英语教师通常授课任务繁重，而且还要搞科研，如编教材、著书、写论文、做课题等，很难有进修和休息调整的机会，因此英语教师的职业发展状况堪忧。

那么，英语教师如何才能谋求自己的职业发展呢？目前，在英语教师的职业发展过程中，脱产学习和进修是有效途径，但由于条件限制，并不是每个教师都能经常有这样的机会来提高自身的职业水平，况且只靠一段时间的脱产学习和进修也是不够的。特别是在我国这样一个英语学习人数众多的国家，英语教师的课业负担重、进修学习机会少，因此他们的整体素质提高在很大程度上依赖于教师本人，而教学反思的提出，恰恰能满足英语教师边工作、边学习的要求，其根本作用在于"授之以渔"，目的是促进其专业发展。英语教师通过对自身教学行为的反思，改革教学方法，探索教学创新，提出新的见解，从而使教学实践与教育理念不断达到和谐统一。总体来看，教学反思对英语教师职业发展的促进作用主要体现在以下几个方面。

## （一）提升英语教师的教学技能

英语教学本身是一个较为复杂的过程。英语教师不仅要感知教学情境，而且要反思自身的内部认知过程，只有这样才能完成教学计划、完善自己的教学活动、评述和分析自己的教学行为，并通过思考和探究周围看似平常的教学现象，对自己的教育实践进行反省，形成更符合自己教学特色的教学法体系。经过多次的教学实践后，英语教师应认真思考自己是否有明确的教学目标，是否能够从学生的学习兴趣出发，结合学生的心理特征对自己的教学计划进行调整；是否习惯进行教学反思，并通过写教学日志等方法总结自己的教学行为；是否对与工作相关的学术动向予以关注，并关注前沿性的教学行为，与时代发展接轨；是否能够对自己教学中存在的问题进行反思，并能够客观地调控和分析，找到改进教学的方法和策略，提高教学技能。

### （二）拓展了有关教师专业化知识的范围

教学反思使教师不断获得教育研究者所提供的普遍适用的、客观的科学知识，并成为教学知识的生产者。教学反思使教师的发展与问题研究结合起来，使教学与研究融合为一体，在教学中不断发展自己的理论，成为理论的创造者。教师的专业化、持续性发展在很大程度上取决于教师的反思。随着英语教学改革的推进，教学反思成为英语教师实现创新的有效途径之一，为教师的专业化发展提供了新的活力。

### （三）提升英语教师的科研水平

教学反思使英语教师不再满足于知识传递者的角色，而是将自己视为一个富有见解、理性，具有决断能力的人。英语教师应积极关注教学的发展动态，不断搜集与教学相关的信息，并展开进一步的研究。如果将教师的职业视为一个生命体的话，那么教学和研究就是这一个生命体的两条腿，两者缺一不可。

教学反思打破了教师原有的思维定式，使教师不断地对自己原有的教学计划、教学行为等进行分析和评价，挖掘传统教学中的问题并加以改进，追求教学过程的合理性。习惯性思维是一种"内隐理论"，而教学反思使教师能够对主导自己行为的行动理论、生活理论等"内隐理论"进行深层次反思，进而改进自己的教学实践。

教学反思使教师更加关注自己的教学实践，旨在通过改变理论对实践的控制，实现理论与实践的结合。在教学反思中，英语教师可以通过解释自己的教学经验来增进对教学实践的理解，提升自己的教学水平和能力。英语教师能够以开放的视角看待周围事物，接纳周围的新事物，并根据自己的理解来制订新的教学计划，积极地反思自己在教学活动中究竟是否给学生带来了重大影响，从而使教学向着有利的方向发展。教学是一个动态发展的过程，一名优秀的英语教师应该善于反思与突破，并在这样的反思和突破中形成自己的教学风格。

英语教师应该是教育活动的反思者。必须确立英语教师在教学研究中的地位，鼓励他们在实践中总结经验，不能盲目地顺从他人的思想，而应积极创新。通过一系列反思活动，英语教师可以发现课堂中的问题并及时解决，提高教学和科研水平。

## （四）促进教师之间的交流互动和校企合作能力

教学反思并不是孤立进行的，而是相互关联的群体活动，是在群体互动中寻求个体发展的活动。教师个体的反思需要其他教师或者学校的支持。因此，合作研究是教学反思的一种重要形式，教师在与同伴的交流中获得鼓励，有助于增强自身的反思效果，促进教师专业化发展。

此外，因为教师教育采用的是"工学结合"的模式，所以校企合作也是英语教师提升自身素质和水平的重要方式，教学反思不仅局限在课堂与实训室，而且应该将反思的视角扩大到社会层面，尤其是与自身教学相关的企业层面，通过与企业内部人员的交流与活动提高自身教学的合理性。

## （五）给教师提供了终身学习的动力

教学反思是基于岗位、学校、具体情境的侧重于问题解决的一种实践性教学新模式。教学反思要求教师在教育过程中形成自己的教学理论与专业认知。通过反思，教师对问题展开分析和研究，探究新的教学理论与方法，同时将这些新的理论与方法运用于教学实践中。

教学反思是一种为了保证教学实践的合理性而不断探索的活动，这就要求教师必须不断地反思与实践，找到适合社会与自己教学的方式和手段，不断地进行教学探究，提升自己的教学热情。

## （六）改善英语教师的理论素养

教学反思是在理论指导下进行的，同时反思型教师对教育理论、语言学、第二语言习得理论和实践常常提出一种怀疑，这就意味着英语教师需要不断对领域内的知识进行批判性学习和反思性评价，学会系统地将程序性知识和诊断性经验以反思的形式在自己的职业体系中形成稳定的结合。在这种理论的重构与重建过程中，英语教师不仅积累了大量的行动中的知识，而且将那些在反思中已经意识到但通常又难以表达的"缄默知识"加以激活、评判、验证和发展，使之升华成一种"明白的知识"，不断创造出新的知识，使其理论水平和专业能力大大提升。

## （七）赋予英语教师一种主体地位

教学反思是以探究和解决教学问题为基本点的，因而它赋予了英语教师新的角色定位，改变了他们被动接受教育理论、语言习得理论的灌输，被动适应专家教育指导地位的局面，使他们真正成为学者型教师。多年来，英语教育实践活动与研究活动总是相互分离的。而教学反思赋予英语教师一种主体地位，使他们认识到教师不仅仅是储存他人观念的容器，也能解决与他们教学实践有关的问题。在这种背景下，英语教师会主动检查和验证自己的假设，以研究者的眼光审视和分析语言教学中的各种问题，并对自身的教学行为进行科学的分析和评价。

英语教师作为研究者，要求能从自己的教学实践出发，以已有的经验为基础，以所学的理论为指导，对教学实践中的问题进行反复观察、审慎反思，以改进自己的教学行为和提高自己的教学水平为出发点，从检查、分析自己的教学行为开始，观察并思考在接受新理论知识后所出现的变化，从而在实践中不断检验、修正、内化相关的理论和思想，目的在于建立和发展能解决教学实践中出现的问题的个人教学理论。随着这种理论的建立，英语教师的专业能力不断增强。

教学反思以解决教学问题为基本点，以增强教师道德感为突破口，以追求教学实践合理性为动力，是英语教师进行教学研究与自我发展的一种新途径。反思能力是教师进行有效教学和专业发展的标志性能力，在教师的持续发展过程中扮演着极为重要的角色。在教师的成长过程中，反思是不可或缺的一个手段。而在教学反思中，教师可以通过对自己教学经验的解释，来增进其对教学现实的理解，提高自己的教学水平和培养自己的职业能力。

# 第五章　英语教师专业化发展的
## 多维思考

随着教育形式和观念的转变，教师专业化发展得到了人们的普遍关注。教师专业化发展是指教师通过反思自己的课堂教学实践过程，进而使专业知识、职业能力、思想境界、心理素质和道德素质提高的过程。教师专业化发展应该走学习、实践、反思、合作发展的道路。通过专业化发展，教师可以获得新的知识和技能，可以与本领域的发展保持同步，可以提高自身素质和职业能力。面对新形势、新任务、新要求，我国英语教师的专业化发展已经迫在眉睫。为此，本章就针对英语教师的专业化发展进行多维思考，为进一步完善英语教师专业化发展方式和途径提供借鉴。

# 第一节　信息素养与英语教师
## 专业化发展

## 一、信息素养的概念

"信息素养"这一概念是从西方国家发展而来的。因此，国外研究者对信息素养概念的界定相对来说较为丰富。

1974 年，美国信息产业协会主席泽考斯基（P. Zurkowski）在美国全国图书馆与情报科学委员会上首次提出信息素养这一名词。他说，具有信息素养的人，学习过如何将信息资源运用于工作，学会了利用大量的信息工具及初始信息源形成信息解决方案来解决问题。

1989 年，美国图书馆协会信息素养委员会发布的《终结报告》指出，信息素养包括两个方面：信息意识和信息能力。所谓信息意识，是指能够意识到何时需要信息；所谓信息能力，是指能够定位、评估并有效利用所需信息解决现有问题。该报告还认为，具有信息素养的人很清楚地知道知识是如何组织的，知道如何去寻找信息，也知道如何使用信息，所以他们是知道如何学习的人。这一定义具有丰富的内涵，因此得到了学界的广泛认可。

1992 年，多伊尔（C. Doyle）在《信息素养全美论坛的终结报告》中从信息处理过程的角度，将信息素养界定为"从各种资源中获取、评估和使用信息的能力"，并注意到了人的批判性思维。

夏皮罗（J. J. Shapiro）和修斯（S. K. Hughes）将信息素养分解为以下七种元素。

①社会结构素养，即能够了解信息在社会上的分布和生产方式。

②资源素养，即能够了解信息资源的形式、定位、获取方法。

③批判素养，即能够批判性地评价信息技术在智力、人文、社会层面的长处和短处以及收益和成本。

④出版素养，即能将研究成果和想法引入公共领域。

⑤研究素养，即能够了解并使用关于目前研究者工作的信息工具。

⑥工具素养，即能够了解并使用关于教育工作的当前信息技术的实际工具和概念工具。

⑦新技术素养，即能够不断地适应、理解、评价、利用新的信息技术，能够理性地使用新技术。

美国高等教育图书研究协会指出，信息素养包括以下六种能力。

①能确定所需信息的程度。

②能有效且又高效地获取所需的信息。

③能批判性地评价信息及其来源。

④能将所选的信息与自己的知识基础结合起来。

⑤能有效地使用信息实现某个具体的目的。

⑥能了解使用信息所引起的经济、法律和社会问题，能遵循伦理道德和法律规定获取和使用信息。

相较于国外的研究，我国研究者对信息素养的研究比较少，仅能从个别学者的研究中了解到有关信息素养的概念。不仅如此，由于信息素养这一概念源自国外，我国学者对其界定时或多或少都借鉴了国外的研究成果。例如，张倩苇将信息素养归纳为信息意识与信息伦理、信息知识、信息能力三个部分。张义兵和李艺从技术学、心理学、社会学、文化学的角度将信息素养定位为信息处理、信息问题解决、信息交流、信息文化的多重建构能力。

## 二、英语教师信息素养的概念

关于英语教师的信息素养，主要的研究成果集中体现在一些学者的观点中。

一些学者认为可以从信息意识和信息能力两个角度探讨这一概念。所谓信息意识，是指英语教师应该具备的认识、观念、需求等方面的素质。信息能力则是英语教师信息素养的核心，具体包括七种能力，即获取能力、处理能力、评价能力、管理能力、交流能力、研究能力、整合能力。这些学者对信息素养的各个层次进行了剖析，每个层面的重要性和具体要求都有理论或研究成果支撑，并提出了实践操作建议，因此具有很强的实践参照性。

另外一些学者认为，英语教师的信息素养大致包含五个方面。①信息意识，指教师对信息的敏感度。②信息知识，指与信息相关的理论知识和方法。③信息能力，指教师使用信息系统以及获取、分析、加工、评价信息并创造新信息、传递信息的能力。④信息和课程整合能力，指教师依据课程特点、教学原则和教学需要利用必要的媒体设计教学活动、完成教学任务、提高教学效果的能力。

⑤信息伦理，指信息安全和信息道德。上述五个涉及英语教师信息素养的内容既相互独立又相互关联。其中，信息意识是前提条件；信息知识是基础；信息能力是信息素养的核心，信息能力的提升将反过来增强信息意识，有助于信息安全的发展；信息和课程整合能力是信息素养的目的，体现了教师的职业特点；信息安全意识的加强又会促进信息能力的进一步发展。

还有一些学者着重从能力的角度来阐释英语教师的信息素养，强调英语教师应具备高尚的信息道德和以下三种能力：①全面、客观地评价信息的能力；②将信息技术与英语教学相结合的能力；③终身学习的观念和能力。

需要特别指出的是，终身学习的观念和能力与信息素养是紧密相关的，但不能笼统地认为信息素养包括终身学习的能力。信息社会要求人们具备终身学习的能力，信息素养是终身学习的基础。

# 三、影响英语教师信息素养的主要因素

影响英语教师信息素养的因素主要涉及以下两个方面的内容。

## （一）职前培养

### 1.课程设置

英语教师在高等教育阶段是否接受了有效的信息素养培养，对其在教师岗位上使用信息技术的能力有一定的影响。21 世纪初，我国英语师范生专业课程中，缺失计算机辅助英语教学之类的课程。尽管某些学校进行了一些尝试，但此类课程仍未引起普遍的重视，信息技术与英语课程整合仍在英语专业课程设置中处于边缘地位。早年我国高等教育在本科阶段开设的与信息技术相关的课程以操作技能为重点，鲜有涉及技术与教学的整合。英语硕士教学计划和课程设置也很少注重学生的信息素养培养问题。因此，从整体上看，目前英语教师队伍的信息素养普遍不容乐观。

## 2.英语学科教学环境

大多数教师教学风格与自己求学阶段的教师教学风格有关。如果专业英语教师不进行信息技术与英语教学的整合，那么学生在走上教学岗位后就很有可能沿袭当年求学阶段教师的教学风格，从而不能有效地去整合信息技术和英语教学。专业英语教师很少能够有效地实现信息技术与英语课程的整合，更多用Word、PowerPoint、电视录像、录音等进行课堂展示。因此，英语专业学习者未能体验到信息技术与语言教学整合的课堂氛围，日后运用信息技术教学时就容易产生困惑。

将信息技术融入英语教师的职前培训中，是提升其技术能力最直接、最有效的方法。近几年师范院校更加重视教师职前信息素养的培养，并在提升其技术能力和信息素养方面进行了有益的尝试，取得了不错的效果。

## （二）在职培训

如今，英语教师大多已经充分认识到信息技术对于教学、科研和自身发展的重要性，有着强烈的信息素养培训的需求，但在职培训的实际情况没有达到预期，主要表现为以下几点。

第一，培训目标、内容过于注重技术层面，忽视观念层面和理论层面的学习以及技术与教学整合方面的指导。

第二，在职培训机会不足。

第三，在培训管理上，缺乏培训前的调查和培训后的跟踪改进。

第四，培训形式单一。以短期集中培训为主，主要采取讲授与上机实习相结合的方法，大多是自上而下的团队推进、整齐划一的模式，缺乏对教师实际情况的考虑。研究表明，短期集中培训的作用和效果十分有限，培训机构若能在受培训者回到工作岗位后持续提供支持与各种形式的指导，培训效果会更好。

# 四、英语教师提升信息素养的重要路径

## （一）自主学习

### 1.自主学习的含义

"自主学习"这一概念早在 20 世纪就被提出了，但关于其内涵学界至今没有统一的认识，如主动学习、自学、自我管理学习、自我教育。这就说明人们对自主学习的研究十分关注，同时说明不同的学者对自主学习关注的角度、重点也不同。

霍莱克（H. Holec）是最早进行自主学习研究的学者。他认为，自主学习是指"对自己学习负责的一种能力"，这种能力并不是天生的，而是需要通过特殊途径或者专门学习才能获得。霍莱克认为自主学习能力表现在以下五个方面。

①确立学习目标。

②确定学习内容和进度。

③选择方法和技巧。

④监控学习过程。

⑤评估学习结果。

迪金森（L. Dickinson）对自主学习定义的分析是从学习的进程方面考虑的，他认为自主学习者应该承担的学习责任包含以下几个方面。

①决定学习什么。

②学习方式为个人学习。

③学习者选择学习进度。

④学习者决定何时何地进行学习。

⑤学习者选择学习材料。

⑥自我监控。

⑦自我测试。

班森（P. Benson）则认为，自主学习是学习者在学习过程中对自己的学习进行控制的能力。但是，这种控制能力并不仅仅依靠学习者自身的喜好，控制不是个人做选择的问题，而是集体做决定的问题。他还将自主从不同的角度定义为"技术自主""心理自主"和"政治自主"，并将它们分别与三种相应的学习方法（实证法、构造法和批评理论）联系起来。总体来说，自主学习是一种多维度的能力。

上面介绍了一些代表性学者对于自主学习这一概念的看法，这些观点可谓见仁见智。为了帮助读者更好地理解自主学习的概念，这里主要从广义和狭义两个角度进行分析。

从广义上说，自主学习是指人们利用不同的手段与途径进行的具有目的性、选择性的学习活动，目的是实现自主发展。从狭义上说，自主学习是学生在教师的指导下，自觉进行的能动性、创造性的学习，目的是实现自主发展的教育实践。

狭义的自主学习主要发生在学校教育的范围内，本书中进行的自主学习研究也是从这个角度出发的。自主学习能力是学习者的综合学习能力——拥有知识和必要的技能，其能使学习目标得以有效实现。学习者应该具有自主学习的能力和意愿，这样才能实现自主学习。

**2.自主学习者的特征**

齐莫曼（B. J. Zimmerman）和里森伯格（R. Risemberg）认为，自主学习者有三个方面的特征。

①自主学习者能够有效地在元认知、动机和行为等方面进行自我调节。

②自主学习者能够对学习方法或学习策略进行有效的自我监控，并根据自我监控的结果对学习活动进行反复调整。

③自主学习者能够科学、有效地使用某种特定的学习策略，或者作出合适的反应。

美国密执安大学的宾特里奇（P. R. Pintrich）则将自主学习者的特征归结

为四个。

①自主学习者能够在学习过程中主动选择学习策略，树立学习目标，探索学习的意义。

②自主学习者能够正视由个体差异而产生的缺陷，并自主监控和调节学习行为。

③自主学习者能够对自己的学习效果进行自我评估，对学习目标和学习标准进行必要的调整。

④自主学习者能够合理调节由外部情境和个体差异所产生的影响，以改善学习效果。

另外，还有学者认为，学习者只有具备以下特征，才可以称得上是自主学习者。

①能够对学习的成败正确归因，并对自我负责。

②拥有强烈的学业自信心。

③相信努力就会成功。

④学习目标科学、有效，符合自身学习情况。

⑤关注自主学习对未来的影响。

⑥拥有符合自身学习特点和个性特点的学习策略，对学习过程自我监视、自我调节。

⑦对学习时间与学习资源能够有效管理和使用。

**3.英语教师的自主学习**

英语教师的自主学习包括以下几种形式。

第一，观看教学录像。

第二，参与网络教育论坛讨论。

第三，阅读相关文献。

第四，观摩他人教学。

第五，参加教学研讨会。

除此之外，英语教师的自主学习包括向同事学习或者向同行业的人学习。

目前，国内外已经有很多语言教育者的在线学习机会。通过相关教育网站，英语教师既可以下载丰富的英语教学资源，了解英语教学的新动向，也可以与同行分享教学经验，参与教学问题的讨论。

## （二）培训

培训可以说是提升英语教师信息素养最直接的途径，也是非常有效的途径。

### 1.培训的内容

在培训内容的设计上，最初是以信息技术技能为中心，但是技术培训并不意味着教师能够自发地将信息技术应用于教学，反而可能引起教师对技术的焦虑甚至抵触情绪。因此，后来更多地强调技术与课程和教学的整合，培训的重点从技术本身转向技术的应用。为了促进英语教学效果的优化，培训要注意以下两点。

第一，转变旧模式的理念，落实和强化新模式的理念，特别是要落实教师角色的定位、教学结构、师生关系等内容。

第二，强调信息技术与英语实际课堂的结合，突出信息技术在教学中的实际应用，不仅包括人工智能、数字化和信息网络三大关键技术工具的应用，还应包括现代教育技术的理念和方法、生态型英语教学环境的构建及信息技术与英语课程整合的方法、案例讨论等内容。

由此可见，信息技术与英语课程整合能力培训是重中之重。

### 2.培训方式

英语教师信息素养培训的主要方式包括以下几个。

### （1）体验式培训

教育信息化的基本特点是多媒体化、网络化、智能化，各级培训应在以多媒体和网络为基础的信息化环境中进行。有学者提出创建"虚拟世界技术教师发展工作坊"，旨在让教师感受多用户虚拟环境作为教学手段的潜力，培养教师运用虚拟世界技术进行教学的意识和能力。

（2）分层或分级培训

英语教师的信息素养水平存在巨大差异，这是客观存在的事实。基于此，可以对英语教师进行分级或分层培训。对此，一些学者给出了较为可行的建议。例如，建议将教师分为三种，并有针对性地开展培训。

第一种是信息化教育技术知识薄弱、信息技术能力偏低的教师。相应的培训要求是：掌握将信息技术运用于课程教学的基本能力。

第二种是接受过一定的计算机教育、已有一定信息技术基础的教师。相应的培训要求是：进行发展性培训，使他们拥有能够更好地设计多媒体课件和网络课件的能力、能够通过网络教学平台组织教学活动。

第三种是已具备中级水平并能较好地实现信息技术与课程教学整合的教师。相应的培训要求是：参加高级研修班，提升研发能力，学习开发信息技术与语言教学相结合的新产品。

（3）反思性培训

传统的教师信息素养培训更多的是采用讲授式的培训方式，教师可能会努力学习专家所倡导的理论和介绍的新知识，但在培训之后往往不能在实践中有效地运用理论和知识，而是沿用自己习惯的教学方式。此时，反思就在"倡导的理论"和"采用的理论"之间架起了沟通的桥梁。在培训过程中，应让教师反思自己的教学活动，分析自己的教学行为，从而进一步改善教学现状。

对于反思性培训，很多学者也进行了研究。

有学者设计了反思锯齿型整合培训模式，该模式包括以下两条主线：

一是通过反思模式革新教学思想，使倡导的理论运用到教学中去；

二是将信息技术的提高与教学思想的革新两个过程整合起来，实现信息技术在教学中的合理应用。

该模式的一个显著特点是强调教师的自我反思，实践证明这样的自我反思有利于增强培训效果。

有些学者提出了 TRA 模式，即"任务—反思—行动"（Task—Reflection—Action），包括以下三个子模式：

第一，任务驱动子模式；

第二，反思教学子模式，用于信息技术与学科教学整合培训；

第三，行动研究子模式。

需要指出的是，提升英语教师信息素养的各种途径各有利弊，应该根据实际情况和不同发展需求，采取灵活多样的提高教师信息素养的途径。例如，面对面的培训便于培训师当面指导，优点是节省时间、契合本校教学实际，缺点是个性化、针对性不足；网络协作学习的优点是有很强的自主性和灵活性，缺点在于培训组织和管理松散，缺乏效率。

# 第二节　教学日志与英语教师
# 专业化发展

## 一、教学日志的概念和内容

### （一）教学日志的概念

日志简单来说就是日记的一种。日志是个人对每天所遇到的事和所做的事进行的记录，有的兼记对这些事情的感受，有时也可不做记录，直接抒发感情，是个人性质的。如今，"日志"一词已被广泛运用到各个领域，如网络领域和教育领域。在教育领域，日志是记录人记录一天的学习、生活及专业发展的载体。

对教学日志的具体概念，不同学者也给出了不同的看法，主要有以下几种。

第一，教学日志是一种教师对生活事件定期的记录，它有意识地、生动地表达了教师自己的想法。它不是仅仅罗列生活事件的清单，而是通过聚集这些事件，让我们更多地了解自己的假定。就这一定义来看，教学日志是一种教师个人的记录文件。教师在结束一堂课的教学或一天的工作后，用教学日志的形式记录自己在教学中的感受和体会，以此作为反思的基础。具体而言，教学日志是教师课堂仔细观察、课后立即记录的报告，它不仅仅是对"生活事件"的记录，也是教师对教学中于自己有意义、有价值事件的记录，是对自身工作、学习的反思。

第二，教师的教学反思日志是教师记录自己的教学行为，总结教学的得失与成败，对整个教学过程进行回顾、分析和审视，提升教师自我发展能力，完善教学艺术、实现教师自我价值的重要途径。这一定义直观地说明了教学日志的内容与作用，但概括仍不够全面。

第三，教学日志可以理解为教师积极、主动地对自己的教学活动中具有反思和研究价值的经验进行的持续而真实的记录和描写，并在此基础上对其进行有批判性的理解和认识，从而不断更新观念、增长技能，促进自身专业发展的一种手段和方法。这一表述更加合理，它指出了教学日志撰写的主动性与连续性。教学日志的写作过程就是教师反思自己教学的过程，通过写教学日志，教师可以审视自身工作中的不足，进而提出解决问题的方法。在这一过程中，教师的发展必须根植于自身的教学实践，从中获取丰富的材料，并对其进行加工整理，从而反思自己的教育生活。

（二）教学日志的内容

大体来看，教学日志包括以下几个方面的内容。

1.教学内容

对于教学内容，不同的教师有不同的理解，但总体来说主要包括教师教什么、如何教、教学计划执行情况等。教师可以将教学内容的设计，组织安排，教学中临时应变得当的措施，层次清楚、条理分明的板书，以及教学活动中出现的疏漏之处详细地记录下来，以供随时参考使用。

### 2.教学理论与教学方法

教学理论是指为了使教学情境更加合理，以便实现教学目标的系统理论，包括某些教学思想方法的渗透与应用过程，运用教育学、心理学基本原理的感触等。在具体的教学中，教师可以将教学理论与自己的教学实践结合起来，从中发现自己教学中存在的问题。

教学方法的内容包括教师对学习者学习方法的指导，目前流行的教学方法适合哪种课型，自己的教法有何创新，哪种教学方法更有利于促进学习者的学习等。

### 3.自我反思

自我反思是教师对自己优点与不足的认识，也是教学日志的重要内容。教师的教学活动中必然有成功之处，也有不足之处，教师在教学中要善于捕捉教学中的灵感。在具体的教学过程中，师生的思维发展及情感交流，往往会因为一些偶发事件而产生瞬间灵感，这些"智慧的火花"常常是突然而至的，若不及时利用课后反思去捕捉，便会很快消失。通过撰写教学日志，可以捕捉、记录在教学过程中产生的灵感和奇思妙想，这样不仅利于未来教学，同时也能反思教学中的不足之处及其产生原因，进而想出补救方法，提出更加切实可行的教学方案。

### 4.学习者的情况

学习者的情况也是教学日志应包含的重要内容，具体包括以下几个方面。

①学习者学到了什么。

②学习者在课堂上的反应如何。

③学习者对本次课堂内容的理解程度。

④学习者学习本课的积极性和主动性。

⑤学习者在课堂上的见解。

⑥学习者是否遵守课堂纪律。

⑦学习者在教学过程中表现出的疑惑之处。

⑧学习者在教学过程中出现的突发事件。

此外，在学习过程中，学习者会有一些创新的想法和独到的见解，对此教师应给予充分的肯定。这样不仅可以鼓励学习者进行自主思考与学习，也能帮助教师从中获得启发，进而反思自己的教学，提高教学水平。

5.教学评价

教学评价是教学过程的重要环节，理应成为教学日志的重要内容。具体来说，教学评价包括督导学习者对课堂教学进行正面和反面的评价。教学评价为教师提供了一个科学了解自身教学状况的窗口，使其了解自己在教学中存在的不足和今后努力的方向，从而为教师完善自身的发展提供良好的途径。

## 二、英语教师撰写教学日志的要求

教学日志绝对不是教师简单地罗列课堂教学中出现的各种情况，更不是像流水账似的记录自己的教学过程。从一定意义上来说，教学日志就是不断发现、提出和解决问题的过程，教师在发现问题的同时就决定了其要对问题进行分析、思考，并提出应对措施。具体来说，英语教师在撰写教学日志时应注意以下几个方面。

### （一）及时记录当日的教学活动

教学日志的撰写要及时，如果不及时记录，教学中很多当时的认识、感受就会转瞬即逝，并且很快被遗忘。教师应及时、客观地记录教学中发生的各种事件，记录要详细，应包括未预见到的事件、行动中的反思、情感参与、教学评价等。

### （二）将教学日志上升到理论层次

教学日志不仅仅是课堂教学事件的简单罗列，教师还应静心沉思，思考在教学方法上应该有哪些创新，在知识点上有哪些新的发现，在组织教学方面有哪些新的方式。此外，教师要思考教学中的不足有无改正，学习者的英语知识、应用技能及情感态度价值观是否能得到统筹兼顾等。总之，教学日志就是将教学中的心得进行优化，进而形成理论体系，更好地指导教学实践。

### （三）终身学习，不断发展

教师应该培养自己终身学习的能力，寻求持续发展。教师可以通过观摩同行教学，借鉴同行中比较优秀的教学设计、教学活动及教学方法，并对其进行研究、分析，以提高自己的教学水平。

网络教学日志的应用为教师的终身学习搭建了良好的平台。网络教学日志由不同学科、不同地域的教师撰写，教师可以利用网络媒体，将许多有价值的、最新的信息及时与大家分享。通过网络教学日志，教师可以根据不同的教学实践，来选择和借鉴他人的教学经验，并结合自身的教学活动撰写适合自己的教学日志。

实际上，反思正是教学日志的灵魂，是教师专业能力提升的关键。如果教学日志能够在最后记录下课堂的闪光点与不足，反思自己的教学方法，思考教学中所蕴含的理论以及学习者心理等，该教学日志会更加完善，而教师也能从中受到更多的启发。

## 三、教学日志对英语教师专业化发展的积极影响

### （一）教学日志能促进教师的成长

教学日志能够促使教师养成善于思考的良好习惯，在思考的过程中，教师形成自我评价，通过自己与自己的对话能更清晰地认识自己及自己的职业，认识自己组织教学的特点，找到最适合自己的教学方式，帮助自己成长。教学日

志的撰写过程也是自我反思的过程，没有反思的经验是狭隘的经验，如果教师仅满足于经验，而不对经验进行反思，那么教学日志的撰写也就失去了其本身的意义。

## （二）教学日志可帮助教师提高自身的教学研究水平

教师作为教学活动的重要组成要素，常年工作在教学的第一线，大多有着丰富的教学实践经验，这为他们创作科研论文提供了最直接的灵感和素材。英语教师可以通过教学日志进行反思，对重要观念和教学策略进行归纳总结。这样经过长期的积累，就会有科研成果。可见，教学日志本身就是培养教师反思能力、促进教师专业化发展的重要方法，更重要的是，教学日志也是一种研究方式，是对教师思维习惯、理论水平的研究。总之，教师通过撰写教学日志，可以有效提高自身的研究水平，进而使其更好地服务于教学。

## （三）教学日志可促进教师与各个主体的交流与学习

教学日志具有公开性与共享性，如果教师本人愿意，自然也可以拿来和同事、专家共同分享。教学日志可以有广泛的读者，包括领导、专家、同事、家长与学习者等。通过领导和专家的指导，教师可以了解自己教学中的优缺点，同时可以得到领导或专家的中肯建议；通过与同事进行交流与分享，教师可以获得更加丰富的教学技巧，积累教学经验；通过家长的反馈，教师可以了解自身教学中的不足，努力改进；通过与学习者交流，教师可以更好地了解学习者，在教学过程中做到因材施教。

# 第三节 合作学习与英语教师
# 专业化发展

"合作学习"这一名词对于当前很多人而言已经非常熟悉。人们时常强调学习者要通过合作学习提升学习水平与自身能力，教师作为传道授业者，同样需要时刻提升自己的认知水平，这也可以通过合作学习这一方式进行。本节就着重探讨英语教师如何通过合作学习提升自身的专业化发展水平。

## 一、合作学习的基础知识

合作学习是当前比较流行的一种学习方法，该方法被国内外的一些教育专家和教师接纳并广为推崇。这种学习方式迎合了英语教学改革的理念，如果能将其加以充分利用，不仅有利于培养学习者的互助合作能力，对培养学习者的团队精神和竞争意识也大有裨益。

### （一）合作学习的内涵

合作学习是在 20 世纪 70 年代初期的美国兴起的，并在 20 世纪 70 年代中期到 80 年代中期获得了实质性的进展。

相关研究表明，合作学习能够缓解学习者的心理压力，改善课堂教学氛围，帮助学习者提高英语学习效果，促进学习者良好品质的形成。在上述作用的带动下，合作学习得到了世界各国教育界的广泛关注，并且成为当代主流教学理论与策略之一，被人们誉为"近十几年最重要、最成功的教学改革"。

合作学习体现了人类的社会性特征。因此，很多学者并不是只将其作为学习方式展开研究的。人类的社会性表现最明显的特征就是合作。广义上的社会性指的是人在社会活动中所表现出来的特点。狭义上的社会性指的是人对他人或者某一群体所表现出来的一些行为。人类社会形成的基本条件就是合作，这是人类社会形成的本质。同时，合作是人类内在的需求和基本属性之一。

很多学者都对合作学习的定义进行了阐释。美国教育心理学家斯莱文（R. E. Slavin）认为，合作学习就是学习者在小组合作中开展学习活动并以小组的整体表现赢得奖励和认同的课堂学习方法。

美国明尼苏达大学"合作学习中心"的约翰逊兄弟指出，合作学习就是在教学上运用小组，使学习者共同活动，以最大限度地促进他们自己以及他人的学习。

我国学者也对合作学习进行了研究，主要观点可以归纳为以下几点。

第一，合作学习的目的是促进学习者在小组中的互相帮助和互相进步，从而实现共同的学习目标，进而通过小组整体成绩来获取奖励。因此，合作学习是一种教学的策略体系。

第二，有学者指出，应该大力发展相互协作、合作的小组活动，课堂教学中师生交往的形式是多种多样的，但学习者之间和小组之间的交往尤为重要。

合作学习的内涵很广泛，既包括协作学习，也包括小组学习等方式。但是，无论其采取什么形式，都强调集体性任务的完成，在合作学习的过程中，教师需要充分放权，作为学习者学习的指导者展开具体教学实践。同时需要注意的是，合作学习小组的形式一般都是异质的。在合作学习过程中，小组成员在教师的指导下完成不同的教学任务与教学目标。小组合作可以在课堂内展开，也可以在课堂外进行，每个组员都承担着自己的一部分责任，小组成员间共享资源，从而促进问题的解决。合作学习的基本要素主要包括以下几个。

①小组成员之间积极的相互依赖。

②小组成员之间进行直接的建设性交流。

③教师对小组整体以及小组成员进行成绩的评定。

④小组任务的完成需要使用合作性技能。

⑤小组成员之间进行自我评估。

合作学习不仅能使学习者迅速完成学习任务，而且可以帮助他们积累知识并增长技能，有利于学习者思维能力、自尊心、自信心等的培养。

## （二）合作学习的特征

### 1.竞争性相对弱化

在传统学习方式中，学习者之间的关系往往是一种竞争关系。然而，合作学习中的成员关系则具有较强的互助性，竞争性相对弱化。这种类型的小组成员关系可以大大提高小组成员共同进步的自信心，帮助小组成员形成一定的领导能力。

在学习过程中，学习者在合作关系中更能取得良好的成绩，比竞争关系强很多。在传统学习模式下，竞争关系导致很多学习者对学习没有太大的兴趣，自信心不足，更无法感受到获得学习成果的喜悦心情。竞争关系下的学习方式阻断了学习者之间知识的交流，有些学习者对自己不自信，完全不敢表达自己的想法，更不能与其他同学展开学习方面的深入交流。

与此不同的是，合作学习可以为学习者营造良好的学习氛围，促进学习者之间的积极沟通与交流。通过小组合作这一方式，学习者可以发现自己在学习中所具有的优点，并改掉缺点，掌握其他同伴更加科学的学习方法，提高自己的学习能力。此外，学习者之间可以取长补短、共同进步。

合作学习不只是限于同组之间的交流，小组与小组之间也可以展开交流，从而实现信息共享的最大化。通过对比不同小组成员的观点，学习者可以大大拓宽解决问题的角度和视野，激发自己对新知识和新技能的渴望，增强学习的积极性。

### 2.团队意识较强

合作学习可以大大降低学习者之间的竞争，培养他们的团队意识，让他们共同进步。在合作学习的过程中，小组成员需要共同思考，通过分工合作来完成学习任务。可见，小组整体任务的完成建立在每一位小组成员任务完成的基础上。这样，每一位成员都会对自己的任务比较重视，在合作学习过程中尽职尽责。

通过合作学习，学习者可以体验集体智慧带来的巨大成功，分享成就感带来的喜悦心情。事实上，合作精神对于学习者的学习以及未来的工作都是很有益处的。

合作学习十分重视小组成员的进步与提高，小组成绩同样是小组成员合作的结果，这样可以缓解单个学习者面对失败时所产生的恐惧和焦虑情绪。另外，小组合作可以促进学习者之间展开学习意见的交流，完成任务同样需要小组成员发挥集体智慧，如此不仅可以满足完成任务的要求，而且可以拓宽小组成员的视野和知识面。

因为不同的学习者往往具有不同的思维模式，所以在解决问题时所产生的看法和意见也是不同的，通过合作，学习者可以开阔自己的思维、丰富自己的知识，在互帮互助中增加了解、增进感情。

### 3.有效激发内在潜能

通过合作学习，同组成员之间的竞争降低，小组之间的竞争增强，这样可以有效激发学习者学习的内在潜能。在这个过程中，教师可以鼓励学习者培养多种能力，促进知识结构的多样化，从而最大限度地满足小组对不同知识的需求。通过小组竞争，学习者可以激发自己对学习的热情，为了小组的荣誉积极出谋划策。学习者对小组的贡献一旦得到同组成员的认可，学习积极性就会得到激发。在合作学习的过程中，小组成员为了完成小组任务，会在讨论后合理分配任务，每一位小组成员都会提出创新性、建设性的意见，进而通过分工合作，调动小组成员的积极性，从而完成小组学习任务，成功激发学习者的内在潜能。

### （三）合作学习的类型

合作学习主要由小组活动、相互支持、组员间的人际交往技能三个要素组成。

第一，小组活动。没有小组活动就没有合作学习。小组活动是指小组有明确的学习活动时间、明确的学习活动目标、明确的学习活动任务、组员间有明确的分工和真实的学习效果反馈。

第二，相互支持。组员间的利益是联系在一起的，每个成员的学习行为都会对整个小组的学习造成不可忽视的影响，因此组员必须在心理、资源等方面相互支持，才能使整个小组的利益最大化。

第三，组员间的人际交往技能。良好的小组氛围影响着学习目标的实现，因此组员应该掌握一定的人际交往技能以便创设良好的氛围。这就要求组员之间彼此信任、积极沟通以及正确地处理冲突，这些都是人际交往技能的体现。

在上述三个要素的影响下会产生三个不同类型的合作学习小组。正式合作学习小组，可以用来教授具体的学习内容；非正式合作学习小组，可以用来确保学习者在听课时能做到对信息进行积极的加工；基层小组，可以用来对学术上的研究提供长期的支持和帮助。下面分别对其进行具体介绍。

1.正式合作学习小组

正式合作学习小组指的是按照科学的分组方式划分的，用于教授具体内容的学习小组。在这种类型的学习小组中，学习者通过和他人的合作，提升自身的学习能力，以达到学习最优化。具体来说，需要做到以下几点。

①确定学习小组的人数，并对学习者进行分配。

②指导学习者掌握和运用相关概念、原则与策略。

③布置小组内要合作完成的任务。

④检查学习小组的学习过程。

⑤利用一些写作技巧和学术知识对小组任务完成过程进行干预与指导。

⑥评估学习者的学习效果以及小组运作情况。

2.非正式合作学习小组

非正式合作学习小组是用来确保学习者在听课时能够做到对信息的积极认知与加工的合作形式。在非正式合作学习小组中，应该做到使学习者关注学习材料，进入学习状态，确定对授课内容的期望，确保学习者对所学材料进行认识和加工，并对课程进行小结。学习者可以用 3～5 分钟的讨论来总结他们所了解的主题，这个主题是课前或课后的焦点讨论中设置的。

### 3.基层小组

基层小组是为学习进步提供长期支持和帮助的小组形式。这种小组类型可以在学习过程中给学习者提供所需的支持、鼓励和帮助。

## （四）合作学习的步骤

### 1.进行合理的分组

合理分组是进行合作学习的前提。因为合作学习就是通过小组之间的相互配合展开学习的，所以合作学习开展的前提是对学习者进行合理的分组。分组过程中需要仔细考量，重视小组成员之间的安排，最终保证小组成员在知识、兴趣、能力、性格方面都能更加多样化。多样化的小组成员能够均衡小组结构，最终帮助小组成员在各个方面得到提升。

合理分组需要遵循组间同质和组内异质的原则。在这两个原则的指导下，小组成员的知识水平才能更加具有层次性，知识较为丰富的学习者可以指导知识掌握不充足的学习者，从而促进小组任务的顺利完成。学习者之间的互相帮助还能够提高学习者课堂参与的积极性，有助于整体学习氛围的形成。

### 2.策划与提出问题

策划与提出问题是小组合作学习的重要设计步骤之一。在策划小组任务时需要考虑学习者的整体情况，同时任务需要具备很强的可操作性。问题的设置需要遵循开放性、讨论性的原则，可以在课前根据教学内容进行任务的合理安排。此外，需要规定合作学习小组任务的完成时间。在任务完成过程中需要帮助学习者确定具有一定难度的小组任务。这样小组之间能够互相学习，成员之间也能充分开动脑筋，发挥互帮互助的精神。

### 3.控制合作的实施

在合作学习时，各个小组完成的任务呈现出阶段性的特点。在每一个阶段，小组的学习任务是不同的。对此，需要对这一过程进行控制。

在初始阶段，小组的各个成员需要积极讨论和研究任务，每一位成员都需要独立思考问题，在这一过程中促进创造性思维的产生。在此基础上，小组成员之间进行交流，将所有成员的意见和想法进行汇总，并对这些内容进行讨论，最终形成小组的统一观点。另外，每一个小组需要推选一个小组代表或发言人，以便将自己小组的合作学习成果与其他小组进行交流。

最终，各个小组通过交流实现小组之间信息的沟通，在这一过程结束之后要对各个小组学习者的表现进行评价。

### 4.进行效果的评价

对合作的最终结果进行评价并不是一件简单的事情，其中涉及很多内容。

首先，需要对学习者的学习过程、学习结果给出合理的评价。

其次，需要对小组各个成员的表现给出恰当的评价。

最后，需要对一些表现优秀的小组给出一定的评价，这可以让学习者意识到合作小组是一个集体，每位成员要想实现自己的个人目标，就必须依赖整体目标的实现，从而培养学习者形成较强的合作精神以及合作学习能力。

## （五）合作学习的理论基础

合作学习的产生与发展是科学理论指导的结果，下面主要介绍几种常见的合作学习的理论依据。

### 1.动力理论

动力理论是由格式塔心理学派提出的，其将合作小组看作一个动力整体。小组的目标是能够给小组成员带来一定的学习动力。动力理论认为，小组内不同成员的利益是相互联系的，同时组员之间存在着一些良性竞争，这些竞争的出现能够加强组员学习的动力，从而有助于小组共同目标的完成。组员之间是相互影响的关系，主要表现为组员的努力程度和学习状态。只有小组内成员都将自己的能力和努力发挥到最大程度时，才能最大限度地实现小组学习目标。

### 2.选择理论

美国心理学家格拉瑟（W. Glasser）提出了选择理论。他认为人的一生有多种需要，如合作的需要、归属的需要、与人分享的需要、爱的需要以及关心他人的需要，人们会尽量去满足它们。而合作学习正好满足了这些需要，因为成功的合作学习在某种程度上会使人获得归属感、爱以及分享的喜悦。

合作学习对于科学利用、充分开发人力资源有着积极的影响，可以为现代教学系统注入活力，符合英语教学改革的需要。这种教学方式将教学建立在更加广阔的背景上，对于学习者更好地认识教学本质、了解自身的主体地位以及良好师生关系的建立具有深远的指导意义。

## 二、英语教师合作学习的具体途径

### （一）参加教研活动

#### 1.总结回顾、分享教研经验

在完成某一阶段的教学任务后，英语教师需要通过总结回顾对自己的教学实践进行判断，包括英语教学设计是否合理、教学过程是否顺利、教学目标是否适用于所有学习者、自身教学行为是否能够调动学习者的积极性以及教学策略是否有利于教学目标的实现等。

英语教师应在教学过程中进行多方面的总结和回顾，进而在教研活动中互相分享与借鉴经验，实现自我完善和自我发展，将历史经验与当前的英语教学实践相结合，走一条适合自己的发展之路。

#### 2.专业引领教研活动

在英语教师开展教研活动的过程中，为了提升专业水平，还可以请一些高层次人员来参加，如教育专家。当前，我国的英语教学改革正在如火如荼地进行，先进的理念只有通过研究者与骨干教师等高层次人员的协助与带领，才能促进教师的专业和素质发展。

通常情况下，能够起专业引领作用的一般是教育研究的专家、行家、专业研究人员、资深教师。英语教师通过向这些人士学习，能够接触英语教学领域先进的经验、技术、思想，从而推动自身的专业化发展。具体来说，专业引领教研活动需要满足以下几点要求。

第一，充分发挥专家、英语教师双方的积极性和能动性。引领人员不同，侧重点也不同。科研专家注重的是教育教学的理论，因此其引领的是科研理论与实践的紧密结合。英语骨干教师注重的是教育教学的实践，因此其引领的是教育教学活动的具体实践操作。但无论是科研专家还是骨干教师，都需要具备较高的专业引领能力，既能够在理论上给予英语教师专门的指导，又能够在具体的教学活动中给予建议，以行之有效的方法来帮助教师开展具体的教学活动。被引领教师应该积极、主动地配合科研专家、骨干教师的工作，对他们给予的意见和建议应该认真听取，从而对自己的教学活动进行总结和分析，反思自己之前的教学活动，从而不断提升自身的综合素质。

第二，目标明确、内容正确、方法恰当。英语教师专业化发展的总目标是使学习者能够掌握新知识、新信息，并且能够运用这些新知识、新信息来提高专业素质。事实上，英语教师存在着个体差异，其在水平上和专业发展方向上也必然不同。因此，在进行专业引领时应该从不同教师的实际情况出发，制定科学合理的策略，选择针对性强的内容与方法来进行引领，从而实现引领的有效性和合理性。

第三，专业引领要做到位，但是不能越位。专业引领人员的引领对于英语教师来说只是提供了必要的引导和帮助，并不是完全代替教师，因此不能越俎代庖。这是因为在教师专业化发展的过程中，英语教师是真正的主体，其实践活动与独立思考等不能被专业引领人员代替。因此，在专业引领中应该让教师自己独立地进行理论研究和实践，切实提升不同教师的理论与实践水平。

### （二）同伴观摩

同伴观摩是指同行业的同事之间互相进行课堂倾听的模式。在听课过程中，听课的教师应该保持认真的态度，重点关注任课教师的教学行为，而不仅仅是对任课教师进行监督和评价。这样，既能促进任课教师的发展，也对自己的课堂教学有一定的借鉴意义。当进行同伴观摩时，任课教师与其他观摩教师就该课堂的教学环节、教学问题展开分析和商讨，而后决定采用何种观摩形式，观摩结束之后，教师之间要对观摩的结果进行总结。

教师在自愿的前提下，与他人进行合作，对彼此的课堂教学进行观摩，描述所观察的情境，然后彼此分享个人总结，并进行客观分析，有利于提高教学能力，增进相互之间的理解，加强彼此的认同感。

同伴观摩以英语教师的个体成长为核心，充分利用团体的优势，以期通过实践中教师相互切磋、交流以及合作分享经验，互相学习，优势互补，最终促进英语教师的专业发展。可以说，同伴观摩是英语教师专业化发展的平台。

#### 1.同伴观摩实施的原则

同伴观摩的具体实施需要遵循下面几条原则。

①明确观摩的重点。由于课堂教学活动是一个较为复杂的过程，涉及各个方面，观摩不可能面面俱到，所以需要明确观摩的重点，作出更具针对性的评价。

②确定具体步骤与工具。确定观摩重点后，需要合理选择具体的步骤与工具。其中，比较常用的工具有核对清单、录音设备、速记笔记等。

③观摩人员不参与课堂活动。

#### 2.同伴观摩实施的步骤

同伴观摩一般可以按照以下步骤进行。

①观摩开始之前，应就课程性质、讲授教材、教学方法、教学对象等内容进行讨论，确保教学活动取得预期效果。

②在上一步基础上，分析课堂活动组织、学生在课堂上的表现情况、师生

互动情况等，确定观摩重点。

③观摩重点确定后，就要确定记录的方法，如可在预先制定的清单上将具体的教学行为标注出来或对具体的教学过程进行分析报告。

④上面三个步骤完成之后，即可进入课堂，开始观摩。

⑤观摩活动结束后，展开讨论，并进行总结。在这一过程中，教师可以发表自己的看法，分享经验，积极反思，取长补短，共同成长，从而促进自身的发展。

### 3.同伴观摩对英语教师专业化发展的作用

一般情况下，同伴观摩模式对英语教师的专业化发展有着重要作用。

（1）对被观摩者和观摩者都具有重要意义

同伴观摩需要任课教师与观摩教师的共同参与、共同合作。对于观摩者来说，他们观摩的是同伴的教学策略、教学实践、教学效果等，从中找出其教学的优缺点，并将好的经验运用到自己的教学实践中。对于被观摩者来说，他们可以通过观摩者提出的建议，对自己的教学活动进行总结，从而不断改善自己的教学活动，获得更好的教学效果。

（2）可避免评估与监督观摩模式带来的不利影响

一般情况下，监督观摩模式带有浓重的监督和评估的色彩，且他们对于任课教师的评估往往存在较大的主观性与规定性，这极大地影响着任课教师的心情和教学展示效果。相比之下，同伴观摩就不会出现这种情况，因为观摩者和被观摩者的地位和身份比较接近，所以进行观摩是非常容易的，且授课教师不会有压力。总之，同伴观摩为英语教师的发展提供了一个平台，推动着英语教师向着更高层次的水平发展。

（3）建立教师相互联系、尊重和合作的关系

英语教学要求教师具有语言基础知识以及专业知识，这是毋庸置疑的。然而，对于学习者来说，学习专业知识或者英语知识并不是最大的问题，最大的问题是将二者有机结合在一起，进而做到融会贯通。为了满足学习者的这一需求，要求英语教师具备与专业教师充分合作的能力。

只有英语教师、专业教师、学习者之间建立尊重、合作的融洽关系，对彼此完全信任，才能最大限度地实现教学的效果和目标。英语教师需要专业教师参与到课程教学的具体过程中，两种类型的教师必须积极创建和谐的工作氛围，彼此认真了解和听取反馈意见。也就是说，英语教师与专业教师之间的合作应该是一个双向的过程，并取得双赢的结果。专业教师通过分析学习者的实际需求，能帮助英语教师认识到学习者的目标情境诉求，另外，英语教师能够帮助专业教师了解学习者在学习过程中所面临的语言问题。

（4）建立相互间"同事性"的协同教学关系

教学创造是当前我国高等学校改革的核心，英语教学改革需要建立在教师之间彼此切磋、相互学习的"同事性"关系的基础上。需要在教师共同体内部推进改革，督促教师成员形成"同事性"意识。需要积极倡导教师共同体成员之间开展集体性、持续性的合作研究工作，共同应对课堂中出现的常见问题以及突发状况。英语教学发展方向赋予了英语教师与专业教师参与英语课程的开发和课程管理的权利，以此加强了教师之间的交流。

# 第四节  校本培训与英语教师
# 专业化发展

教师的专业发展是一个持续不断的动态发展过程，是一个专业知识、专业能力、专业态度和专业信念不断更新和发展的过程。近年来，校本培训在教师专业化发展过程中所产生的影响越来越大，因而受到了人们的普遍关注。为此，本节就来详细研究校本培训与英语教师专业化发展的相关内容。

# 一、校本培训的基础知识

## （一）校本培训的内涵

在特别强调教师发展的今天，校本培训已经成为教师教育普遍采用的一种模式。英语教师积极参与本校定期举办的教师培训活动，和同行以及有经验的教师一起讨论教学中的有关问题，找出其共性以及解决办法，从而使自己在专业知识和职业能力方面得以丰富和提高，这是校本培训的基本模式。

1989 年，欧洲教师教育协会指出，校本培训指的是源于学校课程和整体规划的需要、由学校发起和组织、旨在满足个体教师工作需求的校内培训活动。它包括以下四个要素。

①校本培训的出发点是达到组织的某种要求。

②校本培训以学校为实施的主体，学校有充分的自主权。

③校本培训的目标既要满足教师的需要，也要满足学校发展的需要。

④校本培训的地点宜设在校内。

我国学者给校本培训下的定义是：源于学校发展的需要、由学校发起和规划、满足教师发展需要、在校内进行的学习与培训活动。它既可以在整个学校进行，也可以在某个部门或某个学科组织内部进行，还可以多所学校合作进行。

校本培训和校外培训有区别，具体如表 5-1 所示。

表 5-1　校本培训和校外培训的区别

| 项目 | 校本培训 | 校外培训 |
|---|---|---|
| 情境 | 在教学环境中 | 脱离教学环境 |
| 过程 | 学习与教学实践合一 | 学习与教学实践脱离 |
| 主体 | 教师、校长 | 大学、进修院校 |
| 方式 | 反思探究 | 传递—接受 |
| 目的 | 由学校发展与教师需要决定 | 由有关教育行政部门决定 |
| 内容 | 在问题中学 | 在学科中学 |

校本培训以教师在教育教学中遇到的实际问题为研究的起点，换言之，校本培训中的"问题启动"指向意味着教师所研究的"课题"来自学校教师自己的教育教学实践。就校本培训来说，其培训内容不但直接来自广大教师的教育教学实践，而且贯穿他们的教育教学全过程，校本培训的出发点和落脚点都是为了解决教学问题。

## （二）校本培训的特点

校本教师培训模式具有以下几个特点。

①以学校为本部。培训计划根据学校发展需求而定，课程安排也以促进学习者全面发展来设计，是一种基于学校发展的整体目标而开展的培训模式。

②以教师为本体。培训中教师不仅是被培训者、学习者，也是培训的参与者。

③以研究为本位。校本培训的内容或者研究课题主要是针对教师经常遇到的教学问题、管理问题，教师在培训中研究问题、解决问题，从而提升教师的专业素质，促进学校的发展。

④以实践为纲领。校本培训的纲领是促进教师教学实践的发展。

⑤以合作为基本方式。校本培训过程中始终需要师生合作、师师合作、校内外合作。因此，合作是进行校本培训的基本方式。

## （三）校本培训的组织管理

校本培训的实施需要培训者进行完善的组织管理，这样才能获得良好的培训效果。具体来说，校本培训的组织管理包括以下内容。

### 1.成立组织指导机构

为保证校本培训做到有人抓、有人管，学校应成立校本培训组织领导机构，通常校长任组长、副校长任副组长，正副主任可作为成员。学校还可以专门成立青年教师校本培训指导组，将培训工作与领导分管工作紧密挂钩，这样有利于工作的正常开展。同时，学科组织和群团组织等可以有机联系，减轻领导和青年教师的负担。在有条件的学校还可以专门成立培训处（可以和教研处或教研组相互兼职），安排有经验的中青年教师具体负责。

**2.制定培训活动计划**

计划是一项工作目标，也是一种工作思路。它有前瞻性、规划性和操作性。它也是学校能否做好校本培训工作的保证。也就是说，校本培训如何做，外校有哪些好的经验可以借鉴，本校的师资、物质条件的实际情况怎样，怎样设计学校的校本培训工作思路，领导心中必须事先有数。校本培训计划包括培训目标、培训内容、培训时间、培训形式、培训过程的组织管理，以及对培训结果的考评等几个方面的内容。培训计划既要体现超前性，又应体现可操作性，符合学校实际。在具体的校本培训计划制定过程中，应该注意处理好以下几种关系。

（1）处理好长远规划和年度实施计划的关系

通常学校对教师的专业发展应有一个长远的打算，最起码有一个粗线条的三年规划。校本培训既要有长远计划，还要有短期安排。短期安排就是制定好每学年和学期的具体实施计划。实施计划应有可操作性，指导思想明确，分析现状准确，培训内容丰富，措施具体，保障校本培训的有序实施。

（2）处理好共性培训和个性培训的关系

由于校本培训是学校这个基层单位自发组织的，是为教师的可持续发展服务的。因此，各个学校的培训工作存在着共性，如基本常规、基本组织形式相同，基本内容也大多趋向于改变教师的教育理念，提高教师的专业化能力等。校本培训应该处理好共性培训和个性培训之间的关系，促进教师的个性发展，促进教师自身教学风格的形成。

（3）培训计划应做到五个结合

"五个结合"即自学与讲座相结合，"请进来"与"走出去"相结合，自我钻研与拜师学艺相结合，专题研究与教学比武相结合，理论研究与成果交流相结合。为了使校本培训计划能较好地得到实施，在制定校本培训计划时应尽可能和学校整体计划保持一致。

## （四）校本培训的价值

校本培训的价值体现在以下几个方面。

### 1.创立一种学习、思想和关怀的共同体

学校应学会追求个性化与动态化发展，学校发展关注的不应是简单的输入与输出，而应是一种综合的、自我组织的系统。对学校中的个体学习者而言是持续不断的个体学习；对学校中的每个学习小组而言是集体的、合作的社会学习；对学校而言其本身被看作一种学习系统，具备自成体系的、能够推动学校创新、诊断教学效能以及解决问题的策略。

这就要求教师具备不断学习的能力；教师间相互学习，形成双赢的教学共同体；学校领导者要不断学习，并关注教师的专业成长。

### 2.形成一种新的评估观念

校本教学研究不应只是关注研究的成果，而是要重视整个研究过程。因此，评价的形式也应由终结性的量化评价转向过程性评价。应改变人们对教师角色和教师形象的传统理解，将反思与研究作为评价教师专业化水平的重要标准之一。

### 3.改变教师的角色

教师要实现作为知识传授者的价值，就必须具有自我意识。教师需要对事物形成自己的看法与观点，形成自己的一套假设，这样才会成为有个性的知识传授者，更好地实现自身的价值。

综上可知，良好的教学能力既需要教师自身专业技能的发展，也需要通过严格的校本培训提供支持。

## （五）校本培训存在的问题

《中华人民共和国教师法》第十九条规定："各级人民政府教育行政部门，

学校主管部门和学校应当制定教师培训规划，对教师进行多种形式的思想政治、业务培训。"目前我国的校本培训普遍存在以下问题。

①当前，学校管理者把教师培训工作看作是学校的额外工作，对教师培训工作重视不够。

②教师的培训缺乏针对性，主要体现在三个方面。

其一，培训工作没有针对教师的差异进行。

其二，培训的内容缺乏针对性。

其三，培训的方式方法缺乏针对性。

③学校培训的物质保证不够。一是缺少经费上的保证；二是缺少设备设施的保证；三是缺少相应图书资料的保证。

## 二、英语教师校本培训的具体途径

### （一）校企合作

对校企合作途径进行分析，首先需要弄清楚"校"与"企"的含义。"校"指的就是学校，而"企"指的就是企业，因此校企合作就是学校与企业的合作。

在教育领域，校企合作是对教育活动及教育改革发展情况等规律的整合和揭示。在著名教育家杜威看来，学校就是社会，而教育就是生活经历，学校是社会生活的一个重要场所。因此，校企合作途径是学校与企业为了实现各自的目的而建立的一种合作共同体，其目的是实现产品研究、技术开发、教育培训、学习者培训、社会服务等。在英语教师的发展层面，校企合作有两个基本观念。

第一，英语教师的发展需要从系统的观念和全局来进行把握，从而实现整体化的改革，这不是在学校内部就可以完成的。

第二，要想保证英语教师能够真正实现专业化发展，首先需要提供一个开放、自然的生态环境。

在具体的实践中，校企合作要求学校和企业组建符合要求的高素质的专业教师队伍，这需要从以下两点着手。

第一，英语教师要深入企业，进行亲身体验与实践。在企业中，英语教师可以深入了解企业文化，从而树立企业观、市场观，也可以明确自己的教学目标，提高自己教学的针对性。

第二，企业的高级员工作为外聘教师去学校讲学，使教师队伍进一步壮大，解决当前部分学校师资力量短缺的问题，最终实现校企共建。

## （二）校本督导

### 1.校本督导的内容

校本督导是由学校成员参与的自主与合作的指导过程，目的是提升英语教师的实践教学水平。一般情况下，校本督导内容主要涉及以下几个层面。

（1）英语教师个人发展

这方面主要强调学校应该关注教师的满足度与稳定性。同时，学校不能忽视教师的身体情况、家庭状况、感情状况等。也就是说，英语教师的个人发展涉及职业操守、宗教信仰、兴趣爱好、家庭生活、社会活动等各个方面。

（2）英语教师的专业化发展

这是校本督导最基础的内容，强调教师教学技能的发展和提高。具体来说，英语教师的专业化发展主要涉及教学方法、专业知识、课程与教学、实践能力、教育研究、教学目标等方面的内容。

（3）学校组织的发展

这方面主要强调的是教师生活质量的提高、学习组织氛围的改变、学习发展目标的达成。具体来说，学校的组织发展涉及人际关系、人事制度、学校规章制度、学校管理计划、学校组织、学校财政、校园氛围等。

需要指出的是，英语教师的个人发展、英语教师的专业化发展、学校组织发展这三个层面是紧密联系的，三者相互作用、相辅相成。教师专业化发展是以个人发展与学校组织发展作为保障和支撑的。

## 2.校本督导的形式

校本督导有很多种形式，常见的有常规督导形式、自我督导形式以及教学督导形式。

### （1）常规督导形式

这是一种必不可少的督导形式，其意义与行政监督有着相似的地方。常规督导形式往往是由学校主管部门或者院系领导定期组织听课，观察任课教师的课堂行为与教学活动，从而向任课教师提出意见，给予任课教师一定的帮助。

### （2）自我督导形式

这一形式是由教师自己制定专业发展规划，然后独自实施，最后完成自己的专业发展规划，实现自己的专业发展。自我督导可以采取多种形式，如参加相关研讨会与座谈会、组织学习者评价自己的教学行为、对研究报告和专业杂志进行分析、通过录像等设备来分析自己的教学活动。

### （3）教学督导形式

这一形式主要是由督导教师对任课教师开展有针对性的帮助活动，从而进一步提升任课教师的专业技能。这一督导形式是面对面的督导，通常采用的方式有诊断性督导、微格教学等。其中，诊断性督导是最常用的教学督导形式，其帮助的对象往往是新教师或者缺乏教学经验的教师，能帮助这些教师解决问题，促进新教师向成熟教师的方向发展。

## （三）校本专业培训

在职英语教师队伍整体素质水平的提升可以通过教师专业化的培训来实现。

### 1.培训内容

①教师在培训中要系统了解语言教学的基础理论知识和国内外英语教学的发展趋势。

②教师通过培训要能够将新的教育观念和思想内容融入英语课程的设计、

教材的分析以及课堂教学模式的运用过程中。

③教师通过培训要熟练运用和掌握现代教育技术，如独立制作多媒体课件，在计算机和网络的应用中做到技术娴熟。

④通过培训，教师要掌握系统的英语测试及评估理论，能够运用科学的评价方式来评价自己与同事的教学，以及学习者在学习过程中的具体表现。

⑤培训教师要有一定的科研能力，可以在总结中反思自己教学的得失。

总之，教师的专业培训需要在终身教育思想的指导下贯穿整个职业生涯。

**2.培训措施**

①学校管理者要更新观念，将学习者培养与教师培训放在同等重要的位置，在生活上多关怀教师，减轻教师的低效劳动负担，让教师有充分的时间和精力来提高自己的教学水平。

②学校管理部门要为教师提供一种宽松的教学环境，让教师可以自由地发挥和施展自己的个性和才华。

③完善培训的管理措施，有效协调教师学习和正常工作中的矛盾，大力鼓励教师积极参加在职教育培训。

④为教师制定新的考评内容和标准。对于教师教学水平和技术能力的考评，一定要避免盲目追求形式和恶性竞争的不良循环，这样才能实现促进教师专业成长的目的。考评的作用之一就是引导教师学会自我总结和反思，以便改变自己的教学方式。因此，考评制度和标准的制定一定要从教师专业成长的角度出发，最好能够为教师建立成长档案，帮助教师全面了解自己，进而准确把握自己的成长阶段和发展方向。

需要提及的一点是，很多在职教师对于继续教育都持有一种"无所谓"的态度，他们认为培训的内容大多"学非所需"，并不能让自己提高教学技术水平，所以不想浪费时间和精力在专业培训上。其实，教师可以选择一些"订单式"培训，这种培训的宗旨就是让教师有自己选择学习内容的自由，也就是说教师是专业培训的主导者，教师在培训中学到的内容可以真正实现"学有所用"。订单式培训以教师的个性特点为依据，强调理论与实践相结合，以形成教师个性化的教学风格为最终目标，并且这种培训还具有长期的指导和实践意义。

在对教师进行专业培训时还需要关注一个客观情况，即教师作为个体具有鲜明的个体差异性。现代英语教学要求教师要形成自己的个性化教学风格，具有特色意识，避免使用单一的、公式化的教学方法，这要求我们在对教师进行专业培训时不能搞"一刀切"。也就是说，教师专业培训需要针对不同年龄、水平、特长的教师确定不同的培训项目、标准和培训进度。现代教师培训的核心不是对教师进行筛选，而是使其在承认个体差异性的基础上全面认识自己，扬长避短，最大限度地发挥自身的优势，提高自身的教学水平。

# 第六章　英语教师专业化发展创新探索

教育大计，教师为本。随着我国教育事业的发展、教学规模的扩大，英语教师的专业化发展工作得到了高度重视并取得了一定成效，这在一定程度上提高了英语教师的学历层次和教学能力，为我国英语教学改革做出了贡献。然而，随着英语教学改革的深入，英语教师也面临着新的挑战，社会发展需求也对英语教师专业化发展提出了新的要求。本章围绕英语教师专业化发展的创新进行探究。

## 第一节　基于核心素养的英语教师专业化发展

随着时代的发展和进步，国际合作增多，教育教学理念和方法面临着全新的挑战。《中共中央 国务院关于全面深化新时代教师队伍建设改革的意见》提出了教师发展所需的道德品质、教学能力等核心素养，这也是新时代高素质新型教师发展的前提。教师核心素养的培养是教师专业化发展的前提，对教师教学能力提升和专业发展起着决定作用。

教师专业化发展是提高教育质量的关键，是学生全面发展的根本保障。英语教师的专业化发展和核心素养的提升直接影响着我国学科课程改革的效果，影响着我国学生的总体水平乃至综合素质。因此，提升英语教师核心素养，促进英语教师专业化发展是亟待研究的课题。

# 一、新时代教师核心素养的基本要求

教师核心素养是教师发展和教学所必需的道德品质和教学能力，教师需要在理论学习与实践中逐步提升自己的核心素养。培养教师核心素养，是促进教师专业化发展和建设新时代高素质教师队伍的前提。具体而言，应注重加强以下素养的培养。

## （一）道德素养

教师的道德素养是教师行为的准则和规范，是教师在道德上的自我约束，是教师传播先进文化的基础，教师良好的道德修养会影响学生。要想成为一名合格的教师，首先要加强道德素养的培养，做到依法执教、爱岗敬业、严于律己、为人师表等。在教学和生活中，教师要关心、爱护学生，尊重学生人格。教师只有具备良好的道德素养，坚定立德树人的教育信念，才能以自己的言行去感染学生，成为学生的榜样。

## （二）知识素养

知识素养是在教师对专业知识了解与运用的基础上形成的素养，是其他素养形成的基础。教师不仅要了解教育发展理念，积累专业知识，更要了解学生是如何学习，如何恰当地构建课程的，要为学生创造良好的学习环境，以满足学生全面发展的需要。新时代背景下，教师的知识素养被赋予了一种全新的、动态的意义。教师不仅要有专业知识，还应了解各学科知识之间，以及同一学科不同部分知识之间的内在联系，把握学科发展动向，帮助学生系统地学习专业知识。

### （三）能力素养

能力素养是教师胜任教学和管理工作，进而实现专业发展的重要条件。教师作为知识的传授者，首先要具有一定的组织能力，能根据教材和教学大纲编写教案，运用现代教育技术手段制作课件，选择和运用恰当的教学方法。

教师要具有良好的语言表达能力，充分发挥语言的信息功能。教师也要具有一定的管理能力，要既能把课堂组织得有条不紊，又能活跃课堂气氛和学生思维。教师还要具有一定的教育智慧，能在教学过程中不断探索、分析、总结和反思。此外，教师还要具有了解学生，把握学生的特点和需求，分析和指导学生的学习方式等能力。

### （四）信息素养

信息素养是教师有效地获取、加工和使用信息的能力。具体来说就是，教师能有效利用信息技术解决问题，利用信息技术进行讲解、启发、示范、指导、评价等教学活动，优化课堂教学，转变教学方式，全面提升教师信息化教学能力。信息素养具有敏锐捕捉信息、果断筛选信息、准确评估信息、自如交流信息的特征，是信息社会教师整体素养的一部分，是教师立足于信息社会的基本点。教师要成为一个有信息素养的人，首先要有获取信息的意愿，能够主动从实践中探究新信息。教师要懂得如何获取信息，并能够对获得的信息进行辨别、分析、评价和利用。教师在面对全新领域的信息时应保持冷静，及时对信息做出准确分析并快速处理。新时代的教师应利用信息时代的优势，努力培养和提升自己的信息素养。

### （五）创新素养

创新素养是教师在学校的教育情境下，根据一定的目标做出新颖且有价值的教育教学工作的品质，是教师创新思维、创新品格、创新能力和创新方法的集中体现。创新素养要求教师利用信息技术促进教学，创造有利的教学环境，创新教学方式、教学管理方式和教学评价方式。教师在教学中要有积极的求异性，要在思考问题方面与传统思维活动区别开来。教师要具有一定的创新能力，能采用多样化的教学方法和手段，以激发和培养学生的创新积极性。教师在课堂教学中应尊重学生的主体地位，营造宽松、自由的教学氛围，让学生展开想象，积极思考。教师要善于吸收最新的教育科研成果，并将其运用于教学中，同时要树立创新教学观，加强启发式教学，激发学生的创新潜能。

教师核心素养是教师专业化发展的前提，教师专业化发展是提高教育质量的必由之路，是教师个人发展的要求，是深化教育改革、培养知识型劳动者的必然要求。

## 二、基于核心素养的英语教师专业化发展内涵

英语教师的专业化发展是一个长期的、逐步发展、逐步提高的过程，是在不断探索、不断反思中形成的。英语教师的专业化发展具有阶段性特征，从生存阶段到巩固阶段，再到提高发展阶段，是一个螺旋式上升的过程。在这一过程中，教师从关注自己能否控制课堂、是否被学生认可到关注自己的教学技能、方法和策略，以及能否较好地完成教学任务，再到关注自己的教学对学生产生什么样的效果。了解英语教师专业化发展的阶段性特征，有助于英语教师尤其是年轻教师有针对性地逐步提高自己的教学水平，加深对教学的理解。鉴于学科的特点和英语教师自身的需求，英语教师在其专业发展过程中，要借助外部保障条件，主动地完善和提升自身的专业素养，从而促进自身可持续发展，提高教学水平。

在新时代背景下，英语教师需要掌握英语教学理论、教学技能、学科知识、文化知识、语言习得理论、语用理论、跨文化交际理论等。现代信息技术和国

家经济发展对英语教师的专业发展提出了更高的要求。英语教师作为传道、授业、解惑者，应遵循教学规律，掌握教学原理，了解学生语言学习的规律、过程、行为、影响因素等。社会的迅猛发展需要英语教师建设一流的课程，也需要英语教师具备良好的交际能力。英语教师要根据新时代对人才培养的要求来不断完善自己的专业知识，加强自身的专业技能，培养优质的国际化人才。

## 三、基于核心素养的英语教师专业化发展路径

### （一）树立自我专业发展意识和终身学习意识

随着教育改革进程的加快，英语教师的专业发展面临着更大的挑战，使英语教师树立专业发展意识和终身学习意识显得尤为迫切。学习是一个动态的、非线性发展的过程，英语教师必须通过不断学习使其专业技能长期保持较高的水平，这样才符合新时代英语教师的职业要求，为学生的全面发展奠定基础。

英语教师不仅要学习语言知识、英语教学知识，还应学习外国文化、文学知识等。英语教师在不断学习的过程中，应逐步提高学习的难度，进而促进其专业能力的进一步发展。

### （二）改进教学方法，创新教学模式

在新时代背景下，课程改革对英语教学提出了更高的要求，传统的教学方法和教学模式难以满足教育发展的需求。在新的教育背景下，英语教师要打破传统教育观念的桎梏，革新教学手段和方法，创新课堂教学模式，不断提升自己的专业技能。英语教师要采用启发式的教学手段和方法，以学生的学习兴趣为基础，激发学生的学习积极性，活跃课堂氛围，提高课堂教学效果，还要通过教学来提高学生的学习能力和知识运用能力。在英语教学中，英语教师不仅要向学生传授语言知识，还要向学生传授人文思想，提高学生的理解能力和分

析能力。

英语教师应主动适应信息技术下的英语教学模式，要充分利用信息技术提供的多元教学资源，丰富英语教学内容，加强对学生思辨能力的培养，使其与时俱进；改进相关课程设置，构建信息化背景下的英语教学模式，如多模态课堂、翻转课堂、混合式教学、微课、慕课等。英语教师只有创造最接近语言习得的自然语境，营造易于被学生接受的学习氛围，才能激发学生的学习动力，优化学生的学习策略，真正促进学生的语言学习。

### （三）时常进行教育教学反思

教学反思是教师对教育教学实践的再认识、再思考，并以此来总结经验教训，以进一步提高教育教学水平。教学反思是教师提高个人专业知识和业务水平的一种有效手段和途径。良性的反思机制可以提醒教师不断审视自身教学过程、教学成果。英语教师在英语教学中要不断审视自身语言能力的发展情况，看其是否能为学生的语言学习起到示范作用。英语教师要不断反思自己的教学设计是否合理，营造的课堂氛围是否良好，是否将教学理念与教学实践完美结合起来，是否完成了教学任务、达到了教学效果，等等。

英语教师要反思教学中存在的问题并努力探求其根源，寻求新思想、新策略，形成新认识。英语教师教学反思的过程，是其不断探究和解决教学中的实际问题，不断提升教学实践的合理性，不断提高教学效果和教研能力，促进自身全面发展的过程。

### （四）学校要重视英语教师的专业发展

英语教师不仅要增强自身的专业发展意识，还要利用好学校为其创造的学习、交流机会。英语教师不能仅局限于自己的教学反思，还应接受专业人士的指导。学校要帮助英语教师巩固知识、转变教学理念，同时加大培训投入，以此来提高英语教师继续教育培训的时效性和科学性。学校要定期或不定期地邀请校外专家来做专题讲座或报告，向英语教师传授先进的教学理念和方法，或是组织本校教师在校内或其他学院进行有针对性的专业培训，或是依托网络平台，进行在线课程学习。培训的主题不仅应涵盖语言知识，还应涉及有关学习和教学方面的知识。学校应尽可能地督促英语教师的学习，要求他们学习语言知识的同时，加强对外国文化知识的学习，让他们的表达更地道。学校可组织各种形式的学术论坛，营造良好的学术氛围，充分挖掘英语教师专业化发展的潜力，让其积极、主动地参与其中，从而多方面、多渠道地促进英语教师的专业化发展。

在新时代背景下，学校要深化课程改革和课程建设，注重培养教师的核心素养。教师也要增强自主专业发展的意识和终身学习的意识，积极改进教学方法，创新教学模式，并在进行教育教学反思的基础上提高自身教学能力。此外，英语教师的专业化发展还需要得到教育部门和学校的支持。只有注重提高英语教师的核心素养，让英语教师具备一定的创新能力，他们才能在今后的教育教学中不断提高自身的知识水平和专业技能，进而促进自身的专业化发展，为学生的健康成长奠定基础。

# 第二节　活动理论视域下的
# 英语教师专业化发展

## 一、活动理论的基本观点

活动理论认为，人类行为中的社会文化资源和物质与精神资源相互交织，该观点源于维果茨基（L. S. Vygotsky）所主张的文化历史心理学思想。维果茨基认为在主体的反应与客体的刺激之间存在中介因素，如人工制品、文化中介等，而不是线性的刺激—反应，同时他勾勒出了活动理论最核心的概念结构：刺激—中介—反应。该结构表明，人类不是被动地接受客体的刺激，而是主动地通过工具、手段等中介因素作用于外部环境。活动是活动理论基本的分析单位，活动促使主体与自然世界或人类社会进行有意义的互动。

维果茨基的学生列昂节夫（A. N. Leontyev）进一步丰富、发展了活动理论并将人类的活动分为内部活动和外部活动，他认为外部活动先于内部活动，内部心理活动是由外部活动的刺激产生的。活动具有层级性，并处于不断发展、变化的过程中。完整的活动由动机或需要、目标、达到目标的条件以及跟这些成分相关的行为、操作构成。活动以客体为导向，主体的动机或需要驱动了活动的发生，行为构成了活动的基本单位，操作是展开行为的具体步骤，构成活动的成分是可以相互转换的。

恩格斯托姆（Y. Engeström）在黑格尔的活动思想和达尔文的生物进化论基础上创建了活动三角模型，并从生物遗传视角分析了人类活动的演变、进化过程。该模型由活动系统结构组成，包括主体、客体和共同体这三个核心因素以及工具、规则、劳动分工、三个次因素，各因素之间相互影响和作用，并形成了生产、交换、消费、分配四个子系统。

工具是指起中介作用的人工制品，包括思考工具和物质工具，主体和客体受到工具的调节；主体在活动中处于中心地位，是具体活动的实施者；客体是活动的目标或者需要解决的问题，客体激励主体，驱动活动系统，使得整个活动系统以客体为导向；规则可分为强制性规则和规约化的社会规则，前者包括法律和条例，后者包括规范、惯例、意识形态、伦理、社会关系等，规则调节着活动系统内部主体的各种行为，以及主体与共同体之间的互动关系，它限制了主体活动的范围；共同体是指由有相同目标的多个成员所构成的群体，是活动系统参与人员所构成的集合体；劳动分工是指共同体成员之间的任务、权利和地位分配等，它是活动结果与共同体之间的中介。

活动系统结构强调，单纯个体意义上的活动是不存在的，目标的达成是共同体的成员合作的结果；该结构突出了主体与共同体成员之间的互动关系，规则和劳动分工的增加使得活动理论更为完备；该结构描述的是人类的实践活动，主体的活动是在一定环境下发生的，要理解主体的行为就离不开一定的环境；该结构具有一定的普适性，对分析和指导人类的各种活动具有重要意义。

## 二、活动理论与英语教师专业化发展的关系

活动理论不仅阐述了活动系统结构，还阐述了活动的实现过程。活动系统分析已经发展为一种分析人类在自然情境中进行复杂活动的方法论，它为教师教育研究提供了新的可能性，尤其为英语教师专业化发展研究提供了重要的理论依据。从活动理论的视域进行分析，英语教师专业化发展可以看作一个活动系统结构，是外部行为和内部状态系统调节的过程，可以置于活动系统结构内进行分析。其中，英语教师是主体，他们处于中心地位；专业发展是客体；结果是提高英语教学质量，促进学生发展；资源是调节英语教师专业化发展的基础工具，英语教师可以通过积极参加学术交流活动获取更多的资源，从而提升自己的学术水平；英语教师专业化发展受外部条件的影响，尤其是受到他们所

处的专业发展环境和教师共同体的影响；英语教师专业化发展涉及劳动分工等方面，主要包括学习、科研、教学等。

由于研究视角不同，英语教师专业化发展的影响要素及其实现方式也会存在差异。王鸣华通过调查发现，英语教师专业化发展受到个人因素和外部环境的影响，个人因素包括职业幸福感、专业发展意识和专业知识基础，外部环境包括家庭压力和工作环境。在此基础上，他从建立符合教师核心利益的机制，创设提升教师幸福感的学术氛围，给予教师自主发展权利等方面提出了英语教师专业化发展路径。

从活动理论视域进行分析，英语教师专业化发展受到他们可以利用的资源的调节，同时也受其专业发展环境的影响，英语教师专业化发展与教师共同体的发展及其综合能力的提升密不可分。

可见，英语教师专业化发展是一项社会文化事件，它受到可利用的资源、专业发展环境、综合能力等因素的影响。英语教师可以通过积极参加学术交流活动，改善专业发展环境，融入教师共同体以及不断提升综合能力等方式来促进自身的专业化发展。

# 三、活动理论视域下英语教师专业化发展路径

## （一）积极参加学术交流活动

教师专业化发展的目的是提高教师的学术水平，使其不断创造新知识，紧跟时代步伐。为了促进自身的专业发展，英语教师需要积极参加学术交流活动以获取更多的资源，从而提升自身的学术水平。具体来说，学术交流活动可以分为校内学术交流活动和校外学术交流活动。

校内学术交流活动包括英语教师或者聘请专家在校内所作的学术报告、专题学术研究小组活动、教研组活动等。英语教师既可以根据自己的研究特长在

校内面向师生做学术报告，也可以参加其他教师在校内所作的学术报告。专家在英语教师专业化发展方面起着重要的引领作用，他们往往能为英语教师的专业发展提供业务技术保证，聘请专家来校内做学术报告有利于促进英语教师的全面发展。开展学科专题学术研究小组活动可以促进英语教师之间的学术交流，整合学科的资源，发挥英语教师的不同作用。教研组活动是教师合作的典型形式，包括集体备课、合作教学、理论学习、专题研讨等，并且形成了具有中国特色的教师共同体文化。参加教研组活动可以促使英语教师对自己或者同行的专业工作经验进行反思和提炼，从而促进自身的专业发展。

校外学术交流活动主要是指校际的学术交流活动、在国内外召开的学术会议、到国内外高校访学等。英语教师参加校际的学术交流活动能够实现优势互补，并为教师之间的相互学习搭建平台。召开学术会议的目的包括加强学术交流、促进学科发展、进行课题研究等，参加在国内外召开的学术会议，可以帮助英语教师了解最新的学术研究成果，提升教师的科研鉴赏能力，或者帮助教师结识更多从事学术研究的同行。到国内外高校访学有助于英语教师近距离聆听国内外教学专家、名师的教诲，接触到学科发展的前沿知识，紧跟时代发展的步伐。

总之，英语教师积极参加学术交流活动可以获取更多的资源。资源在英语教师专业化发展中发挥着关键作用，教师利用资源的自主性越强、与资源的互动性越强，其资源利用效果就越好。通过充分利用资源，英语教师可以实现自身的全面发展，并且不断取得创新性学术研究成果。英语教师学术水平的提高有利于其专业发展。

## （二）改善专业化发展环境

英语教师专业化发展受到客观环境的影响，尤其是受到他们所处的专业发展环境的影响。改善专业发展环境是一种以各种社会关系为中介促进英语教师专业化发展的途径，英语教师专业化发展是客观环境和个人内化协调推进的过程。从大的范围来看，专业发展环境是指整个国家的教育体制或所在省、市教育系统所营造的专业发展氛围；从小的范围来看，专业发展环境是指一所学校或者一个教研组所形成的专业发展氛围。教师专业化发展环境就是"教师的生活世界"，即教师感知、体验到的职业生活和成长环境。英语教师专业化发展环境是一个包括英语教师在内的多层级系统，在该系统中英语教师处于中心位置，学校和社会文化揭示了这一系统的深层次内涵，英语教师的个体特征（认知、情感、实践等）与所处环境（教学与科研实践中的人和事）之间的积极互动推动了其专业化发展。

英语教师是环境的营造者，改善专业化发展环境需要英语教师扮演不同的角色。在课堂教学中，英语教师需要扮演"重要他者"的角色。教师和学生构成了英语教学的生态主体，他们之间的关系性质决定了英语教学中个人环境的性质。和谐的师生关系、学生与学生之间融洽的关系以及积极向上的课堂氛围，对英语教学的顺利开展、学生的身心发展以及英语教师的专业发展都具有重要的意义。但是，不能过度依赖英语教师的"他者"调节作用，否则就不利于学生的认知和能力的发展。

英语教师还必须扮演学习者这一角色，通过加强培训学习，不断完善自己的知识结构，更新自己的专业知识，提高现代教育教学技能，熟练掌握、应用各种教学方法与手段。英语教师可通过英语教学实践，逐渐摸索出适合学生的教学方法；通过教研活动等形式加强与其他教师之间的相互学习，取长补短，实现共同发展。英语教师应当在学习、教学、科研等方面寻求专家的指导，以此来促进自身专业的良性发展。英语教师应该是研究者，具有较为明确、稳定、持续的研究方向，并树立终身发展的理念，不断学习，通过以教学促科研等方式来推动自身专业的发展。同时，英语教师应该是合作者，要在教学、科研等方面积极地寻求与其他教师的合作。教师之间的合作在某种意义上就是活动理论体系的具体表现，教师之间应当彼此分享自己的研究资源与成果，并且建立一种共生关系。

另外，学校教育行政主管部门应为英语教师营造良好的专业发展环境，为英语教师提供从事学习、教学、科研的必要条件。具体来说，学校教育行政主管部门应当了解英语教师的物质需求和心理需求及其专业发展的相关因素，为英语教师的专业发展提供服务，并针对学科的特点出台一些有利于英语教师专业化发展的政策，主动为英语教师专业化发展搭建平台，确定适合英语教师专业化发展的激励机制，努力营造和谐的专业化发展环境。

总之，改善专业化发展环境能促进英语教师的专业化发展，有利于他们根据自身的专业化发展情况作出明智的选择，并且朝着选择的方向采取实际行动。和谐的专业发展环境是支持英语教师专业化发展的有力保障，能为英语教师的专业化发展提供有利的外部条件。

（三）融入教师共同体

教师共同体为教师专业化发展提供了有利的组织条件，它们统一于共同的专业发展活动之中。教师是建构教师共同体的基础，教师专业化发展是建立在教师个体之上的，它是在内部实现的知识再建构和能力再生成，其外部表现为新行为的习得，但是独立于社会关系之外的专业发展是不存在的。在英语教师专业化发展过程中，教师共同体的客观意义及现实作用得以彰显，英语教师与教师共同体之间是一种互惠共生的关系。教师共同体是基于注重主体的合作性而建立的，它提倡团队精神，以教师群体为基础，建立的目的是丰富教师的专业实践知识，培养教师的合作意识，提升教师的专业实践智慧，不断积累、传承教学理论与学术实践知识，提升教师的反思能力和解决问题的能力。交流与对话是教师共同体的特征之一，教师共同体需要经常开展活动，为教师共同体成员之间的交流与对话提供平台，为共同的专业发展提供新的视角，为学科发展注入新的活力，为教师共同体成员从事科研活动提供新的灵感。

融入教师共同体，首先需要英语教师加强自身的专业发展，具体措施包括制定、落实专业自主发展的长期规划，加强专业自主发展管理，不断更新专业自主发展途径等。从最近发展区理论的角度来看，英语教师融入教师共同体，体现了在"支架"作用下最近发展区的提升。"支架"是指主体在达到潜在的发展水平过程中所依赖的来自同行及其他人所提供的中介协助物，最近发展区是指实际的发展水平与潜在的发展水平之间的距离，实际的发展水平是指主体独立解决问题的水平，而潜在的发展水平是指主体在中介工具的协助下所能达到的解决问题的水平。教师共同体中的英语教师进行互动并搭建起"支架"，通过他人的"支架"清楚地看到自己在专业学习、教学、科研等方面的最近发展区，从而促使自己努力学习以达到潜在的发展水平，从而促进自身的专业发展。

总之，英语教师融入教师共同体可以加强与教师共同体其他成员的合作，有利于他们通过集体协作来促进自身的专业发展。

## （四）不断提升综合能力

综合能力是教师专业化发展的基础，教师的综合能力决定了其专业发展能力，不断提升英语教师的综合能力是促进其专业发展的有效方式之一。英语教师的综合能力包括学习能力、科研能力、教学能力等。

学习能力是指个体从事学习活动需要具备的能力。新时代的英语教师需要具备持续学习的能力，尤其是移动学习的能力，综合运用手机、平板电脑等各种信息技术媒介与工具随时随地进行学习。另外，英语教师在教学中应当不断提升自己的学习能力，通过书籍、学术期刊、网络、移动终端等以及以学生、同事、专家等为主的社会关系进行学习。

科研能力是指在运用科学的思维和方法来研究、解决问题时有所发现、有所创新的能力。科研是学科建设的重要载体，主要体现在发表论文、出版专著、科研立项、成果奖励等方面。科研能力的发展是英语教师专业化发展的一项重要内容。为了提升自己的科研能力，英语教师应把兴趣点从知识的传授转移到知识的创造上来，在先进教育理念的指引下引导学生去探索、求知。英语教师从事科研活动能促进英语教学，有利于英语教师紧跟时代的步伐。同时，英语教师从事科研活动能促进学生的学习，学生通过参与教师的课题研究或者在教师的指导下进行研究，有助于促进他们的深度学习和能力发展。

教学能力不仅指上课的能力，还包括专业理论和知识、课程建设能力、选择教学内容的能力、调整教学方法和手段的能力、教学改革与研究的能力、促进学生发展的能力、运用现代教育技术手段的能力等。有效地促进英语教师教学能力发展的方式之一是加强专业学习共同体的建设，英语教师需要通过不断的学习来提升自己的教学能力，更新自身的专业理论，完善自身的知识结构。2018年8月，《教育部关于狠抓新时代全国高等学校本科教育工作会议精神落实的通知》提出了"淘汰'水课'、打造'金课'"这一具体要求，英语教师应该积极响应教育部的号召，以新文科建设的要求为指引，主动加入挤"水"添"金"的教师队伍中来，适当拓展课程的深度，增加课程的难度，提升学业的挑战度。英语教师在课堂教学中应发挥重要的调节作用，激发学生学习的积极性，尊重学生学习的主体地位，根据学生的实际情况选择授课内容、调整教学方法和手段，帮助学生养成良好的学习习惯，培养学生自主学习的能力，营造和谐的学习氛围。

英语教师需要整合各种课程教学资源，积极参与英语教学改革与研究，革新教学理念，转变课堂角色，不断提高英语教学质量。英语教师要具备熟练运用现代教育技术的能力，将学生的课堂学习与在线学习、移动学习、翻转课堂等学习模式相结合，同时融入慕课、微课等课程模式，实现现代教育技术与英语教学的深度融合。提升教师教学能力的有效途径是参与课程建设，不断更新课程建设理念，精心规划一流课程建设，因此英语教师要通过积极参与课程建设来提升自己的教学能力，拓宽自身专业发展的主渠道。此外，英语教师还应具备较强的创新能力和交际能力，前者是指创新教学模式、教学活动等的能力，后者是指与学生、同事、领导、专家、家长等群体进行沟通的能力。

总之，英语教师可以通过不断提升自身的综合能力这一方式来促进自身的专业化发展。英语教师需要在专业化发展过程中不断探索、实践和反思，真正成为专业化发展的主体，激发自身的潜能。

# 第三节　建构主义视域下的
# 英语教师专业化发展

建构主义作为一种教育思潮，其知识观、学习观等对现代教育改革与发展具有重要的指导意义。同样，建构主义对教师专业化发展也产生了重要的影响。

传统教师发展理论将教师置于被动接受者地位，而建构主义教师发展观要求将教师置于发展的主体地位，通过对教师发展体系的重新设计，以提高教师自身发展能力为手段来提高教师专业化发展水平。

建构主义各种观点的具体理论意义在于以下几点。首先，从建构主义的理论视角全方位认识教师专业化。由于英语教师专业化工作涉及社会经济发展、国家教育政策、教师培养制度、培养体系、教育观等多方面的问题，就教育管理者来说，教师专业化工作不仅是师资教学能力、知识基本素养等单个问题，也是一个系统工程。需要一个全方位的、立体和谐的专业化发展支持体系，才能有效提高英语教师专业化发展工作的效率。其次，从理论层面上拓展对当前英语教师专业化发展的研究视角。新时期不仅要树立起新的学生教育观，对教师教育同样要从新视角入手。

## 一、建构主义的基本知识

### （一）建构主义的内涵

建构主义作为一种教育思潮，其最早提出者可追溯至瑞士著名心理学家皮亚杰（J. Piaget）。皮亚杰的理论充满唯物辩证法，他坚持从内因和外因相互作用的观点来研究儿童的认知发展。他认为，儿童是在与周围环境相互作用的过程中，逐步建构起关于外部世界的知识，从而使自身认知结构得到发展的。

建构主义有其独特的学生观、学习观、课程观、教学观等，其理论相当丰富，经过众多学者的不断完善和发展，建构主义已成为当今教育领域内重要的理论之一。然而，要给建构主义下一个准确的定义是十分困难的事情，国内外不少学者也尝试对其下过定义。

归纳起来，主要集中在以下两个方面。

一是从认识论的角度来定义。例如，理查德森（J. Richardson）认为，知识不管如何定义它，都是在人们的头脑中的，并且思考者无一例外地是基于他或她自己的经验建构其认知的。

二是从学习论的角度来定义。例如，美国学者布朗（A. R. Brown）认为，建构主义是一种关于人们如何学习的理论。他认为先前获得的知识和体验在学习中起着重要的作用，是后继行动的基础。

### （二）建构主义知识观

建构主义是行为主义发展到认知主义之后学习理论的进一步发展。它认为知识不是一成不变的，而是随着人们对客观存在事物认识的不断深化而深化。它强调学习是知识的建构，提倡学生主动学习，并构建自己的知识体系。

建构主义认为知识不是客观存在的，而是人在实践活动中面对新事物、新现象、新信息、新问题等所做出的暂定性的解释和假设而已。建构主义知识观的核心内容为知识的本质是解释和假设。

长期以来，人们都有这样一种根深蒂固的认识，即知识是人们对客观事物准确、固化的表征，是对客观世界本质的反映。知识的性质和内容是不以人的意志为转移的，也不会随时间的推移而改变。传统知识观的实质在于将知识绝对化、固定化、客观化。但建构主义却认为，知识不是对现实的客观反映和准确表征，知识并不能精确地概括和反映世界的发展。在具体问题中，我们并不是拿来使用，一用就灵，而是需要依据具体情况对固有的知识进行再改造。知识只不过是人们借助于符号系统对客观现实所作的一种解释和假设。知识不是客观的，它并不是问题的最终答案和唯一解释，它只是一种在目前来说对现实世界较为可靠的假设，并随着人类社会的发展而不断发生变化和更新。

基于这种观念，建构主义认为，知识在被个体接受之前，它对于个体来说毫无权威可言，不能把知识作为预先决定了的东西教给学生，不能以权威为理由来强迫学生接受这些知识。知识建构过程是个体自主学习的过程，并非被动接受已有的知识和信息的过程。已有的知识和信息具有一定的科学性和合理性，但并不是在任何时候对任何学习者都有用。学习者在进行学习时，必须根据具体实际情况，在已有知识结构基础上，根据自己的思维能力和判断能力来建构属于自己的新的知识和信息。

因而，个体对知识的理解只能基于自己的经验背景来建构，通过他们自己的分析、鉴别、评价、假设形成自己的理解，建构起真正属于自己的知识。知识建构是个体通过新旧知识经验之间的相互作用而完成的。建构主义认为，学习者在进行知识建构时，一方面是对新信息的意义建构，同时又包含对原有经验的改造和重组。在个体进行经验建构的过程中，个体的图式会随着不断扩展的经验而不断进化，所有的知识都是在这种个体与经验世界的对话过程中建构起来的，而这是以个体认知过程为基础的。

建构主义认为，学习者在日常生活和以往的学习中就已经形成了丰富的经验，他们对任何事物都有自己的看法。即使有些问题他们没有接触过，没有现成的经验，但当问题出现时，他们往往也可以基于相关的经验，依靠他们的认知能力，以自己的方式建构对事物的理解。

传统知识观认为，概括化的知识是学习的核心内容，这些知识可以从具体的情境中抽象出来，让学生脱离具体物理情境和社会实践情境进行学习。建构主义认为，学习总是离不开一定的情境，知识也总是在一定的情境中才有意义。他们反对传统教学将知识从具体情境中抽象为概括性的概念、规则和原则，反对让学习者脱离现场情境进行学习，因为这种抽象出来的知识的学习结果不能自然而然地迁移到各种真实情境中去。建构主义认为，只有把学习者置于真实、复杂的情境中，并尽可能在实际任务中获取经验和建构知识，才能使学习者适应不同的问题情境，这样，其在实际生活中才能做到广泛的迁移。

因此，建构主义者致力于实习场的创设，让学生与完整的经验回归到融合的状态，并将实践共同体作为一个能整合到学校实践中去的学习舞台。情境化的教学淡化了无形知识的内容，使知识变得生动、有形，这也解决了学生缺乏对知识感性认识的难题，弥补了学生没有经历的缺憾。

## （三）建构主义学习观

建构主义认为，学习不是由教师将知识简单地传递给学生，而是由学生自己主动建构知识的过程。学生借助于其他人的帮助，如与他人进行协作、交流、利用必要的信息等，在一定的情境下，主动建构知识的意义，进而获得知识。在学习知识的过程中，学生不是被动的信息受者，而是主动地建构知识意义的建构者。学生根据自己的经验背景，对外部信息主动地进行选择、加工和处理，从而主动地建构知识的意义。外部信息本身并没有什么意义，意义是通过新旧知识经验间反复的、双向的相互作用过程建构而成的。每个学生都是在自己已有的知识经验的基础上，对新信息重新编码，进行意义的建构的。在建构主义者看来，学习过程不是信息的简单输入、存储和提取的过程，学习是新旧知识经验之间双向的、相互作用的过程，也就是学习者与学习环境之间互动的过程。

建构主义学习观强调学习是学习者主动建构意义、创造知识的过程。基于对传统的灌输式教学和行为主义的"刺激—反映"学习的批判，建构主义旗帜鲜明地指出学习是学习者主动建构意义的过程。皮亚杰在论述个体的知识过程时，提出个体通过同化和顺应，或是将外在刺激纳入已有图式，或是调节原有图式来适应环境。个体认识世界的过程就是个体与外在世界互动的过程。

## 二、建构主义视域下英语教师专业化发展的内涵

鉴于以上分析，笔者认定的建构主义视域下的教师专业化发展，既包括教师自身的专业成长，也包括贯穿于教师整个职业生涯的促进教师发展的过程。也就是说，在教师专业化发展过程中，既存在着教师教育所提供的外部专业环境不断变化的专业化发展的物理过程，也存在着以"学会教学"为特征的教师自我专业化发展的心理过程。

教师专业化发展是其专业心理与专业教育和实践持续、动态地相互作用的过程。促进教师成长的过程从有关教师发展的本质以及教师发展如何实现的假设中获取基本原理。教师专业成长是一个持续不断的过程，但不是一个自然的成长过程，需要适时而有效的教育模式和策略予以保障。

实现教师终身持续发展，重要的是建立从教师培养到职后继续教育一体化的体系，构建促进教师成长的有效教育模式，促进教师专业成长的外部因素和教师专业成长的内部因素相互作用、相互制约。因此，教师专业化发展过程就是教师接受外在教育与其个人内在专业心理融合统一的过程。总之，建构主义视域下的教师专业化发展，是对教师个体的尊重，也是对教师个体自主发展的尊重，同时对以促进教师发展的教师培养及其支持环境也提出了更高的要求。

与传统的教师专业化发展强调群体和外在维度的教师专业化过程不同，建构主义视域下的教师专业化发展强调教师个体内在专业特性的提升与外在支持环境的结合，是实现教师个体的专业知识、专业技能、专业情意、专业自主、

专业价值观、专业发展知识等方面由低到高，逐渐符合教师专业标准的过程。

## （一）教师专业化发展是"人"的发展

强调教师专业化发展是"人"的发展，就是尊重教师在专业化发展中的主体性，承认教师尤其是教师个人在专业化发展中的作用，以及承认教师专业化发展是教师作为"人"的多方面发展的结果。

建构主义的教师角色观把教师看作主动的学习者和建构者，强调教师根据自己已有的知识结构通过"同化""顺应"来构建新的知识结构。因此，20世纪80年代以后，教师的主体性在教师专业化发展中得以被承认。重视教师的主体性就应该把教师的实践活动、教师已有的认知结构作为教师发展的基础，把学习与教师的课堂实践紧密联系，重视教师的历史经验。

大量文献研究表明，有效教师专业化发展的一个重要特征就是认可教师现有的实践。此外，作为"人"的教师发展是个人发展、专业发展和社会发展共同作用的结果。个人的发展包括对变革过程和教学情感的改变，专业的发展包括教学信念、教学活动的变革，社会的发展包括与学生、同事和他人关系的改变。

## （二）教师专业化发展是教师的自主发展

传统教师培养观关注和重视培训部门在教师发展中的作用，相对忽视教师在自我成长中的主体意识和主观能动性。建构主义视域下的教师专业化发展观对这种"自上而下"的培训模式进行了批评，把发展主体的自身实践活动作为教师发展的根本动力。因为在个体的实践中包含了人的内在需求与条件、外部影响与条件，也包含了发展主体的能动认识与选择，实践是内、外因作用于个体发展的聚焦点，也是推动人发展的直接与现实的力量。教师专业化发展不是被动、被迫的，而是自觉、主动地改造、建构自我与世界、他人、自身内部的精神世界的过程。教师专业化发展的本质是发展的自主性，发展是教师不断超越自我的过程，是教师作为主体，自觉、主动、能动、可持续地建构自我的过程。

教师的专业自主性是教师专业化发展的前提和基础，教师在设计课程、规划教学活动，以及选择教材时，应有充分的自主性。教师本人必须把外在的影响转化为自身专业发展过程中的动力，必须具有专业化发展意识。教师专业化发展意识可以增强教师对自己专业化发展的责任感，使教师不断寻求自我发展的机会，逐渐获得自我发展的能力。自我意识意味着人不仅能把握自己与外部世界的关系，而且能把自身的发展当作自己认识的对象和自觉实践的对象。只有达到了这一水平，人才在完全意义上成为自己发展的主体。独立的自我意识和自我控制能力的形成，把个体对自身的影响提高到自觉的水平。这是一种影响性质的变化，不纯粹是强弱、大小的变化。

然而，教师专业化发展中对教师自主发展的强调，并不意味着一切都是"自下而上"，完全由教师个人来决定自己的发展。相反，在这个过程中，教师自主发展同样也需要必要的指导和外部支持，需要教师个体同其他人建立一种和谐、合作的关系。只有这种合作的关系以及以教师发展为目的的支持环境的构建，才能保证教师真正实现自我发展。

## （三）教师专业化发展对教师个体实践知识的重视

工具理性的知识观认为，通过研究能够获得一个关于事物性质的一般性结论，实践者可以运用客观、科学的知识去解决问题。在这种知识观的影响下，对教师知识的研究主要是确定教师必须掌握的基本知识，以形成特定的教学专业知识。

舒尔曼（L. S. Shulman）提出教师必须具备的七种知识类型：一般教学知识、关于学生的知识、学科知识、教学内容知识、其他内容知识、关于课程的知识以及关于教育目标的知识。这种观点在当时被看作对教师知识构成的权威理解。然而，这种由外部界定的教师知识体系缺乏与教师课堂实践的联系，忽视教师的实践及其个体知识，不利于激发教师发展的内在需求，也无法从根本上保证教师教育观念的真正转变与教师教育行为的改变。

实际上，教师知识的形成具有经验性、现场性，是教师在教育实践活动中所形成的个人知识，也称为"教师个人实践知识"。教师个人实践知识所基于的实践理性与一般性专业知识所基于的工具理性有所不同。实践理性认为教育实践是复杂的，教育者需要对复杂的、不确定的教学情境作出决策，而这种决策所需要的知识产生于复杂的教学情境，以及对情境作出的"行动中的反思"之中。这种决策过程中所运用的知识只能以其特殊性和贴近实践者自己的语言来表达。

因此，教师不仅需要通过直接教学获得一般性专业知识，而且需要从自己的专业实践活动中获得实践知识。教师个人实践知识的研究者认为，这恰恰是教师专业化发展研究的一个构成部分，教师在日常课堂活动中会常常运用教与学的理论，而这种理论可能是内隐的。个体知识是教师通过以往经验而形成的对教育的各种主张，它连接着教师的过去（经验）、现在（当前对教育的看法与主张）以及未来（以现有的知识体系为基础对未来行动的预期与决定）。

教师专业化发展与教师的实践知识是紧密相连的。对教师而言，实践知识对他们发展的影响更为直接和根本，教师专业化发展起源于教师在日常生活中对教学情境的知觉、对教育问题的关切以及对实际状况改变的需求。虽然语言教学中专业技能的本质是一个尚未充分探索的研究领域，新手和有经验的语言教师之间在感知和理解自己行为方式上表现出的某些差别似乎存在于他们不同的工作方式，以及由此形成的对教学的概念和理解处理方式的不同，因为他们知道典型的课堂活动，预计可能会出现的问题及解决方法是什么。通过比较，新手教师明显不太熟悉学科主旨、教学策略和教学环境，并且缺少足够的"思维脚本和行为常规"技能。

可见，教师的许多知识和能力是依靠个人经验和对教学的感悟而获得的，由于教学情境具有不确定性，所以教师的专业发展必须与教学实践、教学情境相联系，教师应该不断反思自己的教育教学理念与行为，不断进行自我调整、自我建构，从而促进自身的专业化发展。

# 第四节　人工智能时代的英语教师专业化发展

随着互联网、大数据、云计算等技术的不断发展，人工智能正改变着人们的生产和生活。2018 年 4 月，教育部发布了《高等学校人工智能创新行动计划》，明确要求加快人工智能在教育领域的创新应用，利用智能技术支撑人才培养模式的创新、教学方法的改革、教育治理能力的提升，构建智能化、网络化、个性化、终身化的教育体系。由此可见，以人工智能推动的教育新生态已初步形成。

2020 年，教育部高教司明确了其发力点为"抓教师、促教学"，这对教师的专业化发展提出了相应要求。在英语教学领域，人工智能依托自然语言理解、生物特征识别、人机交互、数据挖掘等关键技术，在学习辅导、情境构建、智能评测等方面取得了突破性进展。面对这场技术革命，教师如何达到教育部高教司提出的要求，将成为英语教师专业化发展过程中必须思考和面对的实际问题。

笔者对人工智能时代英语教师专业化发展的变化、面临的挑战与机遇等进行深入探索，提出人工智能时代英语教师专业化发展的路径，以期为相关研究提供借鉴与参考。

# 一、人工智能时代英语教学的变化

我国的教育信息化经历了几十年的发展历程，大体上可以分为三个发展阶段，即电化教学阶段、计算机网络辅助教学阶段和信息技术与教育深度融合阶段。目前，教育发展正处于第三阶段，此阶段又分为"互联网＋教育"和"人工智能＋教育"两个时期。近些年比较盛行的慕课、翻转课堂等混合学习模式就是"互联网＋教育"的典型形式。总的来说，人工智能技术将引发教育领域更深层次的结构性变革，形成以融合、开放、交互、共享为基本特征的教学新形态。人工智能时代英语教学的变化主要体现在以下几个方面。

## （一）教学环境的变化

人工智能时代的教学环境日趋智能化。教师和学习者双方利用智能手机等硬件设备和学习 App 等软件为教学活动提供有力支撑。教学情境的高度虚拟化使教学活动在很大程度上能突破时间和物理空间的限制，形成一种动态的、开放的、互动的、共享的泛在学习环境。在此环境下，教学要素之间能实现有效联通和互动，实现"时时可学、处处能学"的无缝学习，可以有效连接个人学习和公众学习空间，跨越不同的时空界限，有效连接校内学习与校外学习、正式学习与非正式学习、物理世界的学习与虚拟现实或网络世界的学习。

大数据能创造海量优质的多模态教学资源，实现分散资源的共建共享，为学生开展泛在学习提供内容支持。依托聚类和数据挖掘技术，教师可以轻松获取适合学生水平、能够激发学生学习兴趣的教学资源，并根据教学目标对资源进行分层、分类，使多种形式的媒体资源有效融合，帮助学生开展学习活动。

## （二）教学方式的变化

有教无类、因材施教是教育追求的最高境，这种以学生发展为中心的个性化教育在传统教学中难以实现，而人工智能为此创造了良机。大数据技术能够精准地采集学生的学习信息，包括学习偏好、学习需求、认知特征等数据，形成个性化的学生画像，然后系统自动进行教学资源匹配和推送。

生物特征识别技术能通过动作捕捉等途径感知、记录学生在课堂互动、小组协作等方面的表现，追踪学习过程，并得出分析结果。教师根据智能分析结果，为每位学生设计个性化的学习内容，根据学习大数据及时调整教学策略、更新教学内容，给予学生个性化的学习指导，帮助他们形成"自适应"学习路径，进而提高学习效率。此外，在人工智能时代，获取学习的知识性内容已不再是教学的首要目标，取而代之的是学生在知识、经验习得的基础上获得的高级思维能力和解决复杂问题的能力。因此，自主合作探究式学习将成为人工智能时代另一种典型的教学方式。

## （三）教学评价的变化

评价与反馈是检测教学成效的重要手段。以日常观察和考试为主的传统评价形式在时效性和精确性上难以得到保证，人工智能赋予了教学评价新的内涵。一方面，能够精准记录学生的学习行为并提供即时性反馈，以口语或语音学习为例，依托语音识别技术，学生能够与系统之间开展互动，系统可以根据学生说话的流利度、发音标准程度等对学生进行评分及反馈纠错，学生据此加强自主学习和练习，能取得更好的学习效果；另一方面，大数据的全样本性使英语教学中积累的数据不是零碎的评估数据而是完整的评估数据，教师能建立更加科学、全面的评价反馈体系，以提高教学品质。

总之，在人工智能时代，教师能比传统评估更快地评估和回应学生的学习；可以捕获反映教学质量（如团队合作和协作）的视频等证据，这些都是自查、同伴互查、反馈和上级考评的新方式。

# 二、人工智能时代英语教师专业化发展面临的挑战与机遇

人工智能时代，英语教育获得跨越式发展，面对这种形势，教师既不能妄自菲薄，产生自己被技术取代的心理危机；也不能故步自封，过度低估技术对教育的推动力。笔者认为，既要客观看待人工智能的优势，也要冷静分析人工智能的局限性，主动适应人工智能带来的挑战和机遇。

## （一）人工智能时代英语教师专业化发展面临的挑战

人工智能时代的教育是典型的以技术驱动为核心的教育形态，这就要求教师在技术上具有胜任力，从被动接受者转变为主动合作者和技术创新者，需要具备以下三种能力。

### 1.智慧教学工具的应用能力

如今，云班课、云课堂等智慧教学工具层出不穷，教师不仅要熟练掌握资源共享、作业批改、学业表现统计等功能模块的相关技术，还要巧妙运用这些教学工具来优化教学模式、重构教学生态，以技术促进学习。

### 2.信息资源的筛选和整合能力

人工智能时代也是知识爆炸的时代，学生每天都要面对海量的信息，很容易迷失方向而陷入无目的学习的困境。为此，教师必须有主导信息的能力，能对海量信息进行判断、筛选、提炼和整合，有效地开展教学并积极引导学生逐步学会处理和运用海量信息以满足学习需求。

### 3.大数据的处理和生成能力

人工智能时代的教学离不开大数据的支持和应用。在大数据时代，学生的学习习惯、行为和表现都将被数据化，其优点在于高效、精准和科学。教师对数据要保持高度敏感，要能及时进行分析和处理并且生成数据，将数据创造性

地融入整体教学设计和教学的全过程，通过不懈的努力来推动教学的优化。

除在技术上要胜任人工智能的要求外，英语教师还应具备将传统的知识、技能培养转化为复合型人才培养的教学智慧，更加关注学生的认知特点和成长需求。

首先，要具备教学设计能力。事实上，人工智能时代的英语教学离不开教师的精心设计，要以学生为中心设计合理的学习目标和学习环节，引导学生选择合适的学习策略，运用正确的学习方法开展自适应学习，在设计学习活动时，教师需要考虑如何促进学生合作交流，如何培养其创新思维以激发其主观能动性，等等。

其次，要具备精准教学能力。面对海量的教学资源和多样的学习方式，教师需要充分利用大数据分析技术进行精确的学情分析，并据此制定教学内容，进行资源推送和学习评价等活动。此外，教师要制定具有差异化的学习方案，以达到个性化教学的目的。

最后，要具备激励评价能力。人工智能提供的教学反馈虽然精准但缺少温度。学生在面对冰冷的学习数据时会陷入无助和迷茫的情绪，这时就需要教师的补充评价和鼓励支持，所以英语教师要具有敏锐的感知力和精准的指导力。

## （二）人工智能时代英语教师专业化发展面临的机遇

凭借强大的信息处理能力，人工智能在一定程度上能取代教师的工作。然而，教育系统的复杂性使人工智能在应用中不可避免地存在某些局限性，因为教师的工作往往是非预设、非逻辑、非线性的，教育过程中的各种偶发事件需要高度的创造性和艺术性。

与教师相比，人工智能在隐性知识的传递、知识的迁移和创新等方面的作用比较有限，这也说明，人工智能并非可以教所有的知识。从知识类型来看，知识可以分为显性知识和隐性知识，对学生而言，隐性知识比显性知识更重要。然而，隐性知识的复杂性和多变性对施教者的教学技巧、教学经验和应变能力等都提出了更高的要求，这恰恰是人工智能难以达到的。

此外，与知识的记忆相比，知识的迁移和创造具有更重要的意义和价值，它们的实现更多地依赖人类的常识性思维、批判性思维和主观能动性，人工智能在此方面的局限性比较明显。因此，教师可以在促进学生形成高级思维能力、可迁移能力、创造能力等方面投入更多的精力。

另外，教师在情感交流、心智启迪和价值引领方面具有人工智能无法比拟的天然优势。教师除了"教书"外还担负着更重要的"育人"职责，"培养什么样的人？""如何培养人？"以及"为谁培养人？"是每位教师都需要深入思考的重要问题。根据"提升思想政治教育亲和力和针对性，满足学生成长发展需求和期待，其他各门课都要守好一段渠、种好责任田，使各类课程与思想政治理论课同向同行，形成协同效应"的指示精神，英语学科作为连接中外文化的桥梁和工具，肩负着将外国文化引进来、使中国文化走出去的双重使命。

面对纷繁复杂的国际形势，英语教师需要在教学中有机地融入"德性"教育，在培养学生的道德观念和行为品格等方面下功夫，以广博的学识、高尚的人格来引导和激励学生，使其成为优秀的"中国故事"讲述者和传播者。可以预见，未来教师的育人角色将越来越重要，这是人工智能无法替代的。

## 三、人工智能时代英语教师专业化发展路径

关于教师的发展目标，《中共中央　国务院关于全面深化新时代教师队伍建设改革的意见》中明确提出："到 2035 年，教师综合素质、专业化水平和创新能力大幅提升。""教师主动适应信息化、人工智能等新技术变革，积极有效开展教育教学。"人工智能与教育深度融合的过程是新一代信息技术为学习高效赋能的过程。在新的技术应用场景下，师生关系将被重新塑造，教师要顺势而为，积极转变观念和角色，谋求合适的专业化发展路径。

教师发展是一个不断自我反思、自我认知、自我否定、自我修正、自我提

高、自我完善的循环过程，具有一定的复杂性和动态性。有学者根据一系列教师专业化发展实证研究成果提出了一种教师专业成长的联动模型。该模型显示，教师发展来自四大不同领域间的多重循环互动，包括外部领域、个人领域、实践领域和结果领域。外部领域是指外界信息资源或触发因素；个人领域包括教师知识、信念和态度；实践领域指所有与专业活动相关的教学实践；结果领域体现显著的实践结果。四个领域由实践和（或）反思两种中介联结。

例如，某些外界信息或触发因素会影响教师的实践领域，促使教师开展教学实践等活动；教师通过反思活动促使其个人知识、信念和态度发生改变，再将更新的知识、信念、态度等付诸行动，反作用于教学实践活动；教师受外界信息的刺激而在知识、信念、态度等方面发生变化，经过教学实践后，反思由自己的教学实践带来的教学成效，并修正自己的知识、观念与态度。值得一提的是，此模型还强调了教师发展的外部环境，学校对教师发展的规划和支持都会对教师专业化发展产生影响。

不少研究者认为，教师自身的学习与教学实践是教师专业化发展的重要特征，学校、社区环境的支持也能够促进教师的学习与转变。根据上述教师专业成长的联动模型，在人工智能背景下探索英语教师专业化发展的路径要考虑三个重要因素：一是英语教师自身的专业知识、能力的提升和态度的转变；二是英语教师的反思与实践；三是学校方面提供的支持与保障机制。前两者属于教师发展的内部因素，学校方面的支持属于教师发展的外部因素。三者要发挥协同作用，共同促进人工智能时代下英语教师的专业成长。

（一）提升专业知识素养

有学者认为，教师整合技术的知识、能力要经历认知、接受、适应、探索和进阶五个阶段。这意味着在人工智能时代，就英语教师自身的发展而言，无论是知识结构的优化、教研能力和技术应用能力的提升抑或是情感态度的转变都要经历一个循序渐进的过程。

英语教师专业化发展的首要内容就是专业知识素养的提升。专业知识既包含内容知识和教学法知识，还包括用于信息加工、交互与问题解决的技术知识等。英语教师要遵循语言习得的内在规律和机制，探索先进的英语教学理论和方法以指导教学实践，特别是加强智能技术与英语教学整合的学科知识，并实时更新学科领域的新知识，以及与其他专业交叉融合的跨学科知识。英语教师可借助大数据和云计算技术对自己的知识水平进行精准分析，根据实际需求形成个性化的学习方案，利用中国大学慕课、网易公开课等数字化资源平台完善和丰富专业知识，提升专业素养。

英语教师需要在熟练运用智能技术的基础上，将技术融入英语教学设计和实施的过程中，并在教学实践中客观地对待人工智能的不足，在教学设计中予以弥补。目前，有各类线上教学平台、直播录播平台、虚拟仿真平台等，英语教师要结合本专业的教学目标，选择符合专业特点和学生使用偏好的教学平台，并借助智能平台优化教学资源，构建新型教学模式，或通过数据挖掘技术，针对不同类型的学生有的放矢地开展教学活动。当教师适应并胜任人机融合的教育形态后，要尝试将新的理念和方法付诸实践，完成人工智能所不能实现且具有一定创新意义的活动，使人机协同达到更高境界。

面对人工智能的挑战，许多英语教师会表现得无所适从，这就需要英语教师树立主动学习的意识，以积极开放的心态和跨界思维适应人工智能技术在英语教学中的应用，并尝试探索技术的深入运用和创新，在行动中发展自己的教学信念或转变教学实践，实现从被动到主动、从消极到积极、从排斥到引领的转变。此外，英语教师在教学中要充分发挥教书育人的职能，对学生给予人文关怀，为学生的发展奠定基础。

## （二）注重自身的反思与实践

教师发展的本质是一种建立在实践基础上的自我反思、不断验证的思维发展过程。有学者认为，教师发展过程即教师自我反思、自我更新的过程，这一观点强调了教师在教学中进行反思的重要性。

教学反思旨在促使教师凭借其实际教学经验的优势，在实践中发现问题，通过深入的思考与观察，寻求解决问题的方法和策略，以期达到自我改进、自我完善的目的。由此可见，在面对人工智能技术带来的教学变革时，教师要实现自我成长，反思过程必不可少。

英语教师要以自身教学实践为出发点，通过观察、分析、批判性思考等途径建构新的教学认知体系和行动方案。作为言传身教的示范者，教师在英语教学中要不断审视自身语言能力的发展情况，起到语言学习的示范作用，不断更新语言文化知识；作为价值观的传递者和引路人，教师要不断审视自身职业观和价值取向，具备良好的职业道德素养；作为课堂的管理者，教师要反思自己是否合理利用智能技术来进行课程设计、营造良好的课堂氛围；作为教学实践者，教师要反思是否将人工智能的相关理念与教学实践合理结合，完成教学任务，实现教学目标。

只有不断地反思、学习，修正、改进，教师才能对自己的知识体系、教学能力、教学效果有一个全面、客观的认识，并将实践教学体系内化成一种系统的知识结构或科研反思体系，从而更系统地发现问题、反思问题并解决问题，更理性地指导教学实践——这是教师自身能力提升的重要一环，也是教师内涵式发展的重要体现。

英语教师可以利用大数据技术实时追踪自己的教学行为，并利用信息技术提供的便利条件养成撰写教学日志的习惯，对教学中的问题进行分析、思考与改进，并有意识地与他人进行交流、合作。人工智能技术为英语教师提供了很多与同行进行合作交流的机会，可以创建教、学、研共同体或学习社区，成员们定期开展经验交流和专题研讨活动，使跨学科、跨领域的思想相互碰撞，探索新技术下的教学研究路径，以科研反哺教学，形成科研和教学相辅相成的良性循环。

### （三）学校要提供支持保障

人工智能时代，除教师自身要进行自适应、自探索、自激励外，学校还要从外部环境方面加强英语教师专业能力发展的顶层设计，为其提供保障机制。

首先，依托教学科研项目，形成英语教师发展的激励机制。人工智能时代，教学环境和教学要素等方面都发生了巨大的变化。目前，重技术、轻设计，重学科本位、轻融合思维等问题仍比较普遍，从学校的角度而言，可依托教学科研项目为教师发展搭建平台，引导教师转变教学思维，探索智能技术与英语教学的深度融合与创新之路；鼓励教师参加国家及省市举办的教师教学能力大赛，促使教师积极参与人工智能环境下的教学改革。

其次，利用智能信息技术构建英语教师发展的反思机制。反思是提高英语教师教学水平、实现专业发展的重要途径。然而在现实中，许多英语教师并未形成教学反思的习惯或不了解如何科学地开展教学反思。因此，有必要建立一种督促和指导教师进行反思行动的保障机制和操作模式。人工智能技术为此提供了便利，相较于传统的纸质材料，人工智能技术能自动记录教师的教学行为并转化成更易读、易懂的可视化报告，学校可帮助教师建立电子成长档案，档案既提供在自我反思中要用到的指标，又引入同行评价或专家指导等内容，能展现教师发展的全过程。

最后，借助教师发展中心完善英语教师发展的培训机制。英语教师的专业胜任力提升不仅是个人行为，学校层面也要为教师提供软、硬件方面的支持及学习培训的机会，可以借助教师发展中心建立个性化培训机制。通过对本校英语教师智能化技术的掌握程度进行摸底调查，分析教师对专业发展的不同需求，分层、分级制定专题培训方案，培训内容要包括智能技术理论知识和技能培训。同时，要开展教学技术培训，从教学设计、教学实施、反馈评价等方面来提升英语教师的整合能力和创新能力。

综上所述，人工智能因其强大的数据、算法和应用场景等技术应用，将替代大量机械化和记忆性的劳动，为英语教学提供有效的支持和帮助，如何在新的教育生态下实现个人发展，是英语教师必须面对的重要问题。教师个体要在充分肯定自身价值的基础上，客观地认识人工智能给英语教学带来的新变化，把工作重点放在人工智能无法取代的创造性工作和价值引领方面，更好地满足学生的个性化需求，促进学生的全面发展。

另外，教师要主动思考，具备自主学习、实践、反思、转变等一系列自我调节和与外界进行互动的发展能力；学校也要积极营造良好的环境，为英语教师的发展保驾护航。只有这样，才能保证英语教师在未来高度智能化的教育工作中占据一席之地。

# 参 考 文 献

[1] 陈丹.对分课堂在大学英语教学中的应用[M].北京：中国商务出版社，2019.

[2] 陈蓉.英语专业教师思辨能力培养研究：以行动学习理论为框架[M].北京：中央民族大学出版社，2018.

[3] 陈仕清.英语教师专业发展新路径[M].南宁：广西教育出版社，2012.

[4] 陈晓锐.大学英语教师协作性专业研讨案例研究[M].北京：科学技术文献出版社，2019.

[5] 陈燕.大学英语教师专业发展新视角[M].北京：中国政法大学出版社，2014.

[6] 付琳芳，郭晓燕.当前英语教师专业发展的现状与对策研究[M].长春：东北师范大学出版社，2017.

[7] 郝彩虹.大学生英语教师的专业身份认同危机及应对研究[M].重庆：重庆大学出版社，2014.

[8] 侯晓玮.应用型本科院校商务英语教师专业发展研究[M].天津：天津科学技术出版社，2020.

[9] 贾芝，林琳，徐颖.高校英语教师专业发展有效路径探究[M].青岛：中国海洋大学出版社，2020.

[10] 孔繁霞.行动研究与教师专业发展：大学英语教师 ESP 方向[M].南京：东南大学出版社，2013.

[11] 李晓兰.农村英语教师专业化研究[M].苏州：苏州大学出版社，2015.

[12] 刘菲.高校英语教学的研究热点 英语教师专业发展研究[M].长春：吉林出版集团股份有限公司，2021.

[13] 刘晶.高校英语教师专业身份发展叙事探究[M].北京：新华出版社，2021.

[14] 刘小娟.职前英语教师的专业课程观研究[M].西安：陕西师范大学出版总社有限公司，2020.

[15] 刘英爽，鲁硕，程颖."互联网＋"背景下英语教师专业发展研究[M].北京：中国商务出版社，2019.

[16] 刘忠喜.英语教师教育者专业发展途径的多维度探究[M].长春：吉林大学出版社，2018.

[17] 罗桂温.高校英语教师专业发展与教学研究[M].延吉：延边大学出版社，2020.

[18] 罗毅.职前英语教师专业发展研究：教育研习视角[M].武汉：华中科技大学出版社，2015.

[19] 芮燕萍.大学英语教师专业发展实证研究[M].北京：国防工业出版社，2011.

[20] 孙志永.新时代大学英语教学改革与英语教师专业发展[M].郑州：河南大学出版社，2021.

[21] 童丽玲，戴日新，彭宣红.任务型教学设计视角下高职英语教师专业发展研究与实践[M].西安：西安交通大学出版社，2017.

[22] 谢职安等.高校英语教师专业发展研究[M].北京：知识产权出版社，2014.

[23] 徐怡.大学英语教师专业发展研究[M].北京：中国书籍出版社，2020.

[24] 徐玉苏，陈明瑶."后方法"时代大学英语教师专业发展的叙事探究[M].杭州：浙江工商大学出版社，2017.

[25] 闫洪勇.大学英语教学与教师专业发展研究[M].西安：西安交通大学出版社，2017.

[26] 叶云屏.理工专业通用学术英语 教师用书[M].北京：北京理工大学出版社，2016.